존 파이퍼와 함께 여행하면서 칼빈주의 5대 교리에 대해 이야기를 나눈다고 상상해 보라. 바로 이 책에서 그런 경험을 할 수 있다. 이 책은 삶을 변화시키는 진리에 관한 명확한 진술을 목회자의 따뜻한 감성으로 풀어 놓는다. 지루해질 일은 결단코 없을 것이다. 오히려 이전에 경험해 보지 못한 하나님의 놀라운 은혜의 경이로운 세계로 성큼 들어서 있는 자신을 발견하게 될 것이다. 당신의 삶은 완전히 자리바꿈하게 될 것이다.

팀 체스터 『종교개혁 핵심질문』 공저자, 그레이스교회 담임목사

나는 어렸을 때부터 교회와 가정에서 칼빈주의 5대 교리를 배우며 자랐다. 어느덧 개혁주의 목회자가 되었고, 이제 이 교리를 우리 교회의 신앙고백으로 채택하고 있다. 소중한 전통이기 때문에 중요한 것도 물론 있지만 우리가 은혜의 교리를 믿는 진정으로 타당한 이유는 오직 성경이 이를 증언하고 있기 때문이다. 내가 존 파이퍼의 이 책을 좋아하는 이유도 여기 있다. 이 주제와 관련한 여러 책 중에서, 이것처럼 우리를 성경 속으로 확실히 내려오게 했다가 다시금 하나님의 영광을 바라보도록 끌어올리는 책은 여태껏 본 적이 없다. 단언컨대 많은 이들이 위로와 확신을 얻게 될 것이다. 그리고 적지 않은 이들이 믿음에 관한 자신의 기존 생각에 긍정적인 방식으로 충격을 받게 될 것이다.

케빈 드영 『마음에 새겨야 할 명령: 십계명』 저자, 그리스도언약교회 담임목사

우리의 구원과 하나님의 주권이란 신학 주제를 다루는 탁월한 입문서다. 전통적인 칼빈주의 5대 교리를 제대로 변증할 뿐 아니라 무엇보다 성경을 기반으로 성도의 눈높이에서 단순하고도 풍성하게 풀어내고 있기 때문이다. 존 파이퍼의 모든 책이 그렇듯, 이 책에서도 그의 진심 어린 열정이 고스란히 전달된다. 그는 칼빈주의 5대 교리를 명료하게 설명하고 그 함의를 끌어내면서도 각 장마다 빛을 발하는 하나님의 은혜를 독자로 하여금 또렷이 목격하게 한다. 더불어 이 교리의 여전한 중요성을 오늘의 그리스도인들에게 설득력 있게 상기시켜 준다.

Theology 150, 러더퍼드 하우스

존 파이퍼와 떠나는 칼빈주의 여행

FIVE POINTS

by John Piper

존 파이퍼와 떠나는 칼빈주의 여행

존 파이퍼 / 김태형 옮김

좋은씨앗

하나님의 은혜를 더 깊이 경험하고픈 이들에게

차례

1장 하나님의 은혜 속으로 9

2장 역사적 배경 17

3장 전적 타락 29

4장 불가항력적 은혜 43

5장 제한 속죄 69

6장 무조건적 선택 103

7장 성도의 견인 121

8장 칼빈주의 교리가 내게 일으킨 변화 147

9장 믿음의 증인들 이야기 165

10장 당신을 향한 마지막 호소 179

1장
하나님의 은혜 속으로

그리스도인은 하나님을 사랑합니다. 하나님은 우리의 가장 큰 보배시며 그분과 비견할 대상은 아무것도 없습니다. 위대한 옛 교리문답 가운데 하나는 이렇게 고백합니다. "하나님은 영이시며 그분의 존재와 지혜와 권능과 거룩하심과 공의와 선하심과 진실하심에서 무한하시고 영원하시며 불변하십니다."[1]

우리가 사랑하는 하나님은 이런 분입니다. 우리가 사랑하는 하나님은 어느 면에서나 완전하십니다. 이런 하나님을 아는 것, 이런 하나님의 사랑을 받는 것, 그리고 이런 하나님을 닮아 가는 것이야말로 우리 영혼이 바라는 궁극의 소원입니

---

1   웨스트민스터 소교리문답, 제4문.

다. 그렇기에 하나님은 우리의 가장 "큰 기쁨"(시 43:4)이 되십니다.

하나님은 완전함을 추구하는 우리의 열망, 그리고 영원한 것을 갈구하는 우리의 바람에 대한 해결책입니다. 하나님은 무한하신 분이기 때문입니다. 안정과 안전을 모색하는 우리의 소원에 대한 해결책 역시 하나님입니다. 하나님은 또한 변함이 없으신 분이기 때문입니다. 온 하늘과 땅에 하나님 같은 분은 없습니다. 그분에 비할 것은 세상에 아무것도 없습니다. 돈과 쾌락, 인기와 권력, 정복과 발전, 탁월한 업적, 그 어떤 위대한 것이라도 하나님과 비교할 수 없습니다.

안개가 걷힐 때

이런 하나님을 알면 알수록 우리는 그분을 더욱 알아 가길 바라게 됩니다. 이런 하나님과의 사귐을 맛볼수록 그분과의 더 깊고 풍성한 교제를 갈망하게 됩니다. 하나님 안에서 우리가 경험하는 가장 깊은 수준의 만족은, 그분의 위대한 사랑의 능력으로 하나님을 더욱 완전히 사랑하게 될 그 날에 대한 또 하나의 거룩한 열망을 낳습니다.

예수님도 우리를 위해 아버지께 이 같은 기도를 올리셨습니다. "나를 사랑하신 아버지의 그 사랑이 그들 안에 있고 나도 그들 안에 있게 하옵소서"(요 17:26). 아들을 향하신 하나님의 사랑이 우리 안에 가득 채워져 아버지의 광대하고 순전하신 그 사랑으로 우리가 하나님의 아들을 사랑하게 되는 것, 그것이 우리 영혼이 간절하게 소망하는 바입니다. 우리의 미숙한 사랑으로 인한 좌절과 낭패는 극복될 것입니다.

그렇습니다. 하나님을 알고 사랑하고 신뢰하면 할수록, 우리는 하나님을 더욱 알고 싶어집니다. 이 작은 책을 쓰는 것도 그 때문입니다. 저는 하나님을 알기 원하고 하나님을 즐거워하길 소망합니다. 저는 우리 모두가 이 점에서 같은 심성이길 바랍니다. 위대한 옛 교리문답은 이렇게 묻습니다. "사람의 제일 되는 목적은 무엇입니까?" 그리고 이렇게 대답합니다. "사람의 제일 되는 목적은 하나님을 영화롭게 하는 것과 영원토록 그분을 즐거워하는 것입니다."[2] 하나님을 즐거워하는 삶, 그것은 하나님을 영화롭게 하는 길이기도 합니다. 우리가 하나님 안에서 최고의 만족을 누릴 때, 하나님은 우리 안에서 최고의 영광을 받으시기 때문입니다.

그러나 하나님을 즐거워하기 위해서는 먼저 그분을 알아야 합니다. 안다는 것은 맛보는 것입니다. 우리가 모호하고 흐릿

---

2 웨스트민스터 소교리문답, 제1문.

한 안개 속에서만 그분을 바라본다면 한동안 호기심을 가질 수 있을지 모릅니다. 그러나 안개가 걷히는 순간의 충격적인 기쁨, 벼랑 끝에 서 있는 자신을 발견하고 비로소 위험에서 빠져나오는 그 기쁨을 맛보진 못할 것입니다.

충분히 가치 있는 씨름

성경에서 얻는 하나님에 대한 명확한 지식은 하나님을 향한 애정에 불을 지피는 불쏘시개와 같습니다. 저도 개인적인 경험을 통해 이 사실을 깨달았습니다. 그리고 결정적으로 제일 중요한 지식은 아마도 "우리의 구원과 관련한 문제에 있어 하나님은 과연 어떤 분이신가?"에 관한 내용일 것입니다. '칼빈주의 5대 교리'가 바로 그 지식입니다. 하나님의 주권과 능력은 '일반적인 의미에서' 하나님의 주권과 능력이 아니라, 자기 백성을 위해 '그분이 행하시는 그 구원 역사 속에서' 드러나는 하나님의 주권과 능력입니다. 그래서 우리는 때로 이런 교리를 '은혜의 교리'라고 부릅니다. 단지 일반적으로 "하나님은 어떤 분이고 그분은 무엇을 행하시는가?"만 알아서는 하나님을 온전히 경험할 수 없습니다. 그분은 "우리를 어떻게 구원하시는가?" 그리고 그분은 실제로 나를 어떻게 구원하셨는가? 우리는 이 질문에 대해 구체적으로 답변할 수 있어야 합니다.

저는 이 책에서 한 사람의 칼빈주의 신봉자로서 칼빈주의 교리 체계를 변론할 의도는 없습니다. 저는 그 어떤 사상 체계보다 성경을 최고의 권위로 인정하는 사람입니다. 다만 성경을 믿는 한 사람의 그리스도인으로서 이야기하고자 합니다. 개인적으로 믿음의 성숙을 위해 분투하던 지난 수 년 동안 저는 칼빈주의 5대 교리에 대한 가르침이 매우 성경적이며, 그렇기 때문에 하나님의 은혜를 더욱 깊이 경험할 수 있는 귀한 통로가 될 수 있다는 사실을 확신하게 되었습니다.

개인적으로 힘겨운 씨름을 벌여 보았기에, 저는 저와 비슷한 길을 걷고 있는 다른 그리스도인들에 대해서도 더 인내할 수 있게 되었습니다. 어떤 의미에서 보면 우리 모두는 동일한 노정에 서 있습니다. 무슨 뜻이냐 하면, 제아무리 성경적이고 참된 사실이라 해도 (그것이 내 눈에 충분히 명확해 보이고, 내가 목숨까지 바칠 수 있을 만큼 충분히 고귀하게 보일 때조차도) 이 세상에서 우리는 여전히 흐릿한 유리창을 통해 밖을 내다보는 것같이 희미하게 보고 있을 뿐이라는 의미입니다(고전 13:12). 그렇기에 하나님의 말씀의 불로 우리의 생각을 제련하려고 할 때마다 우리는 많은 눈물을 흘리게 될 것입니다.

그러나 성경이 가르치는 하나님에 대한 지식을 쌓고 예리하게 벼르기 위한 모든 힘겨운 씨름은 충분히 가치 있는 일입니다. 모래성처럼 무너지고 말 이 세상에서 하나님은 우리의 흔들리지 않는 견고한 반석이 되시기 때문입니다. 하나님이 우리의 주권자 되심을 아는 것은 믿음의 역경과 혼란의 거센 바람에도 요동하지 않는 뿌리 깊은 나무와 같이 되는 길입니다. 그 요동치 않음 속에서 우리는 상상할 수 없는 달콤함과 감미로움을 맛볼 수 있습니다. 사자의 위엄으로 오신 유다의 왕은 또한 하나님의 아름다운 어린 양으로 우리에게 오셨기 때문입니다.

여러분을 위한 기도

이 작은 책이 우리의 신앙 여정에 안내자가 되길 기도합니다. 그리고 이 책을 반드시 특정 순서에 따라 읽어야 한다는 부담은 갖지 마시기 바랍니다. 많은 분들의 경우, 성경을 직접적으로 다루지 않는, 역사적 배경에 관한 2장은 건너뛰어도 무방합니다. 물론 이 책의 순서는 특정한 의도에 따라 구성되긴 했지만, 현재 우리 각자에게 가장 절실하게 필요한 주제가 따로 있다면, 그 부분부터 읽기 시작해도 충분히 유익합니다. 그렇게 먼저 도움을 얻은 후에, 건너뛴 부분들을 찾아서 읽어가도 괜찮습니다. 그렇게 해도 혹시 별 도움이 안 되었다면, 주저 말고 성경으로 돌아가시길 권면합니다. 온 마음과 힘을 다해 성경을 읽고 탐구하시길 바랍니다. 어찌 됐건 저는 이 책을 통해 결국 우리가 성경으로 돌아가게 되길 바라는 마음뿐입니다. 저의 글이 아니라, '오직 하나님의 말씀'을 읽고, 깨닫고, 사랑하고, 즐거워하고, 순종해야 합니다. 여기서 저와 여러분의 만남을 통해 우리 모두 "하나님의 더 넓고 깊고 높은 은혜의 세계를 향해" 한걸음 더 들어가게 되길 기도합니다.

2장
역사적 배경

제네바의 신학자이자 목회자였던 존 칼빈은 1564년에 생을 마감했습니다. 독일의 마르틴 루터와 더불어 그는 프로테스탄트 종교개혁에서 영향력이 가장 큰 인물로 자리매김했습니다. 그가 저술한 주석들과 『기독교 강요』는 지금도 전 세계 기독교계에 지대한 영향을 미치고 있습니다.

종교개혁의 루터파 또는 성공회와는 달리, 특별히 칼빈의 가르침을 계승한 진영의 교회는 대개 개혁파(Reformed) 교회로 불립니다. 제가 소속된 침례교회는 비록 개혁 신학의 전통을 오롯이 따르지는 않지만 침례교 전통의 상당 부분이 개혁파로부터 유입되었고, 지금도 종교개혁 당시 개혁파의 전통에서 물려받은 핵심 교리들을 소중히 간직하고 있습니다.

아르미니우스와 항론파

칼빈주의 5대 교리의 탄생 배경이 된 아르미니우스주의(Arminianism)와 칼빈주의(Calvinism) 사이의 논쟁은 1600년대 초 네덜란드에서 일어났습니다. 아르미니우스주의의 창시자 야코부스 아르미니우스(1560-1609)는 칼빈의 후계자인 데오도르 베자의 지도 아래 제네바에서 신학을 공부하고 1603년부터 레이든대학교에서 학생들을 가르쳤습니다.

얼마 후 아르미니우스는 칼빈주의의 특정 가르침을 거부하기 시작했습니다. 논쟁은 개혁파 교회가 다수를 이루던 네덜란드 전역으로 확산되었습니다. 항론파로도 알려진 아르미니우스주의자들은 자신들의 신조를 5개 조항으로 정리하고 목회자 46명의 서명을 첨부해 「항의서」(Remonstrance)란 이름으로 1610년 네덜란드 정부에 제출했습니다.

칼빈주의 진영의 공식적인 반응은 5개 조항의 논의를 위해 1618년 11월 13일부터 1619년 5월 9일까지 154차례에 걸쳐, 84명의 총대 회원들과 18명의 의원 대표들이 참여한 도르트 회의(Synod of Dort)에서 나왔습니다. 총회는 「도르트 신조」(Canons of Dort)로 알려진 문서를 작성했습니다. 이 신조는 지금도 미국개혁교단(Reformed Church in America)과 기독개혁교단(Christian Reformed Church)의 신앙고백의 일부로 채

택되고 있으며, 아르미니우스 항론파가 제기한 5개 조항에 대한 답변으로 정리된 이른바 칼빈주의 5대 교리(Five Points of Calvinism)를 기술하고 있습니다.

그러니까 칼빈주의 5대 교리는 칼빈주의자들이 자신들의 가르침을 일목요연하게 정리하다가 만들어낸 것이 아닙니다. 오히려 아르미니우스파가 자신들이 인정할 수 없었던 다섯 가지 신학 주제들을 항목별로 먼저 제시했고, 그에 대한 반박성 답변으로 나온 것이었습니다.

신학의 중심

칼빈주의 5대 교리가 탄생한 역사적 배경을 간단히 정리했습니다만, 사실 우리에게 그보다는 그 가르침에 대한 '성경'의 입장을 아는 것이 훨씬 중요합니다. 칼빈주의 5대 교리는 신학의 중심부에 자리하고 있습니다. 우리가 대수롭지 않게 넘길 수 있는 내용이 결코 아닙니다. 이 교리에 대한 우리의 입장은 하나님, 인간, 구원, 속죄, 중생, 확신, 예배, 그리고 선교에 대한 우리의 관점에 많은 영향을 미치기 때문입니다.

(언제 어떻게 그렇게 되었는지는 아무도 정확히 모릅니다만) 칼빈주의 5대 교리는 영어의 두문자어 'TULIP'(튤립)으로 요약되

어 있습니다.

- T – Total depravity (전적 타락)
- U – Unconditional election (무조건적 선택)
- L – Limited atonement (제한 속죄)
- I – Irresistible grace (불가항력적 은혜)
- P – Perseverance of the saints (성도의 견인)

저는 이 다섯 개의 명제가 개혁 신학의 풍성함을 남김없이 드러낸다고 주장할 생각은 없습니다. 소위 칼빈주의자로 간주되는 (침례교인인 저를 포함하는) 많은 사람들이 실제로는 개혁파 전통의 모든 면을 그대로 수용하진 않기 때문입니다. 오늘날, 특히 장로교 성향의 여러 저자들이 그 점을 잘 지적하고 있습니다. 예를 들어, 리처드 멀러의 『칼빈과 개혁 전통』[1], 그리고 케네스 스튜어트의 『칼빈주의에 대한 10가지 신화』[2]는 칼빈의 연구와 그 거대한 수문을 통해 흘러나오는 강물이 여기서 우리가 집중적으로 다룰 다섯 지류의 냇물보다 훨씬 더 넓

---

1 Richard Muller, *Calvin and the Reformed Tradition* (Grand Rapids: Baker Books, 2012), pp. 51-69. 지평서원 역간.

2 Kenneth J. Stewart, *Ten Myths About Calvinism* (Downers Grove, Illinois: Inter-Varsity Press, 2011), pp. 75-96.

고 깊으며 다채롭다는 사실을 보여주고 있습니다. 다만 칼빈주의 5대 교리는 죄인들을 구원하시는 하나님의 핵심 사역에 초점을 맞추고 있습니다. 이 다섯 가지 은혜의 교리가 최고로 잘 정리된 진술이라고 주장할 생각도 없습니다. 여느 축약된 형태의 진술이 그렇듯이 이렇게 짧은 문구로 요약 정리된 교리는 자칫 오해의 소지가 다분할 수 있습니다. 저스틴 테일러는 이 참된 교리를 새롭게 진술하기 위한 다양한 시도들을 우리에게 잘 요약해 주고 있습니다.[3]

예를 들면, 티모시 조지는 튤립(TULIP)이란 두문자어 표현보다 로즈(ROSES), 즉 철저한 타락(Radical depravity), 압도적 은혜(Overcoming grace), 주권적 선택(Sovereign election), 영원한 생명(Eternal life), 단일 구속(Singular redemption)으로 요약 정리하는 것을 선호합니다. 반면, 로저 니콜은 (6개의 핵심 교리로 정리된) 가스펠(GOSPEL), 즉 은혜(Grace), 필연적 은혜(Obligatory grace), 주권적 은혜(Sovereign grace), 예비하심의 은혜(Provision-making grace), 효과적 은혜(Effectual grace), 영속적 은혜(Lasting grace)라는 두문자어 표현을 선호합니다.

---

3 http://thegospelcoalition.org/blogs/justintaylor/2011/11/08/tweaking-the-tulip/ (accessed 5-29-2013).

한편, 이처럼 단어의 머리글자를 가져와 약어로 표현하는 방식을 포기하고 각 교리의 요점만 그대로 쓰는 경우도 있습니다. 예를 들면, 제임스 몽고메리 보이스는 철저한 타락(Radical depravity), 무조건적 선택(Unconditional election), 특정 구속(Particular redemption), 실효적 은혜(Efficacious grace), 견인의 은혜(Persevering grace)로 제안합니다. 또한 그렉 포스터는 다음과 같이 제안합니다.

- 구원 전 인간의 상태: 완전한 부패(wholly defiled)
- 구원에서 성부의 사역: 무조건적 선택(unconditional choice)
- 구원에서 성자의 사역: 개인적 구원(personal salvation)
- 구원에서 성령의 사역: 초자연적 변화(supernatural transformation)
- 구원 후 인간의 상태: 믿음 안에서 인내(in faith, perseverance)

그러므로 5대 교리의 의미를 우리의 전통적인 순서(TULIP)대로 가르쳐야 가장 유익하다고 주장하고 싶지는 않습니다. 물론 그 전통적인 순서에는 나름의 타당한 이유가 있습니다. 그것은 구원을 필요로 하는 인간으로부터 시작해(전적 타락), 하나님께서 자기 백성의 구원을 위해 행하시는 일들을 단계별로, 발생 순서대로 제시합니다. 하나님은 먼저 구원할 자를 택하시고(무조건적 선택), 그 택한 죄인들의 속죄를 위해 예수님을 보내십니다(제한 속죄). 그리고 하나님은 자기 백성이 믿음에 이르도록 그들을 강권적으로 이끄시며(불가항력적 은혜), 마침내 그들이 끝까지 인내할 수 있도록 그들 안에서 역사하십니다(성도의 견인).

하지만 저는 실제로 그리스도인이 되는 과정에서 우리가 보통 경험하게 되는 순서를 따라 설명할 때, 이 교리에 대한 이해가 조금 더 수월해질 수 있다는 사실을 발견했습니다.

1. 제일 먼저 우리는 나 자신이 타락한 사람이며 구원이 필요한 상태라는 사실을 절박하게 깨닫습니다. (전적 타락)
2. 이후 우리는 나 자신으로서는 도저히 거부할 수 없는 하나님의 은혜를 경험하게 되고 믿음으로 인도함을 받게 됩니다. (불가항력적 은혜)
3. 이후 우리는 예수 그리스도의 십자가 죽음이 속죄의 모든 요건을 충족시켜, 나의 모든 죄를 사하기에 완전히 충분하다는 사실을 믿게 되고 신뢰하게 됩니다. (제한 속죄)
4. 그런 후 우리는 나의 죄를 속하고 나를 믿음으로 인도하시는 하나님의 모든 사역의 배후에는 나를 향한 하나님의 무조건적인 선택이 있었음을 깨닫게 됩니다. (무조건적 선택)
5. 그리고 마침내 우리는 믿음 안에서 마지막까지 인내할 수 있도

록 나에게 힘과 의지를 주시는 하나님의 택하신 은혜 안에서 참된 안식을 얻게 됩니다. (성도의 견인)

앞으로 우리는 이 순서에 따라 각 교리의 내용을 살펴보고자 합니다. 저는 이 다섯 가지 교리에 대해 '성경'이 가르친다고 믿고 있는 내용을 여러분 앞에 펼쳐 보이려고 합니다. 그러므로 이 책을 읽는 여러분 모두가 성경에 계시된 하나님의 진리를 믿고 깨달아, 하나님의 은혜를 더 깊이 경험하고 하나님을 높이며 그분을 영화롭게 하시길 간절히 소원합니다.

그동안 제가 개인적으로 깨닫고 이해해 온 개념에서 만에 하나라도 성경의 진리와 모순되는 것이 발견된다면 저 역시도 이를 기꺼이 받아들이고 수정할 수 있는 열린 마음이 되길 기도합니다. 저는 존 칼빈이란 인물 연구에서 특별한 권위를 주장할 수 있는 사람도 아니고, 또 한편 개인적으로는 칼빈의 가르침이 모두 완전하다고 생각하지 않습니다. 하지만 일반적으로는, 저는 이 칼빈주의 5대 교리에 관하여 만큼은 칼빈주의자로 불리는 것을 흔쾌히 받아들일 수 있습니다. 칼빈주의란 이름은 오랫동안 이 교리와 함께 해왔던 이름이고, 저는 칼빈주의자들의 가르침이 성경 말씀에도 신실하게 부합하다고 믿기 때문입니다. 우리의 최종 권위는 오직 성경입니다.

조나단 에드워즈는 그의 위대한 저서, 『의지의 자유』[4] 서문에서 이렇게 말했습니다. 저는 그의 말에 전적으로 공감합니다. "구분상, 나는 칼빈주의자로 불리는 것을 전혀 부당하게 여기지 않는다. 그러나 칼빈에 의존하고 있다거나, 또는 그가 믿고 가르친 것이란 이유로 그의 교리를 믿는다는 식의 주장은 전적으로 부인한다. 그리고 그가 가르친 대로 모두 믿는다는 비난도 정당하지 않다."

칼빈주의 5대 교리에 대해 성경 말씀과 더불어 구체적으로 살펴보기에 앞서, 각 교리가 의미하는 바를 간단히 요약해 보면 좋을 것 같습니다. 그러면 이렇게 하는 것만으로도, 왜 제가 이 진리의 교훈을 살펴보고자 하는지 짐작하실 수 있을 것입니다. 제대로 배울 수만 있다면 이 교훈이 하나님의 존귀한 은혜를 영광스럽게 드러내고 구원의 희망을 포기했던 죄인들에게 말할 수 없는 기쁨을 선사한다는 사실에 공감하실 수 있을 것입니다. 우리 모두가 그렇게 되길 기대합니다.

전적 타락

우리 안의 죄악과 부패는 매우 강력해서, 저와 여러분을 모두

---

[4] *The Freedom of the Will* (1754), ed. Paul Ramsey (New Haven, Conn. Yale University Press, 1957), p. 131. 부흥과개혁사 역간. 『자유의지』 새물결플러스 역간.

죄의 노예로 만들고 우리 자신의 패역과 무지를 스스로의 힘으로는 도저히 극복할 수 없을 만큼 심각한 상태로 만들었습니다. 우리를 우리 자신에게서 도저히 구원할 수 없는 우리의 이 무능력함은 매우 전적인(total) 것입니다. 우리는 절대로 나 자신을 구원할 수 없습니다. 나의 패역함을 이겨내고, 나의 무지몽매함을 벗고, 구원자께 효과적으로 나아가는 그 모든 일에 우리는 오직 하나님의 은혜에 철저히 의존하고 있습니다.

무조건적 선택

창세 전부터 우리를 향한 하나님의 택하신 은혜는 그 아들 예수 그리스도 안에서 값없이 주시는 하나님의 무조건적인 은혜의 행위입니다. 하나님은 만물의 기초를 놓으시기 전부터, 그 놀라운 은혜의 행위를 통하여, 예수 그리스도 안에서 구원의 믿음을 갖게 될 하나님의 백성을 택하셨습니다.

제한 속죄

그리스도의 속죄는 모든 사람에게 충분한 속죄이며 그분을 신뢰하는 모든 자에게 효과적인 속죄입니다. 그것은 그 가치에 있어서 혹은 충족성에 있어서 어떤 식으로든 한계가 존재하지 않습니다. 그러나 예수님이 이루신 온전한 속죄에 담긴 구원을 얻게 하는 효력은 그 구원의 효력이 '예비된 자들'에게로 제한됩니다. 물론 모든 사람의 죗값을 치르는 데 충분한 그리스도의 속죄의 충분성은 만인에게 유효합니다. 믿는 자라면 누구든지 그리스도의 보혈로 온전히 덮일 수 있습니다. 그러나 또 한편으론 예수 그리스도의 죽음 안에는 '오직 그리스도의 택하신 신부'를 위해 새 언약의 약속을 이루시려는 하나님의 계획이 있습니다. 그러므로 그리스도께서는 모든 사람을 위해 죽으신 것이 맞습니다. 하지만 그 죽음이 모든 사람에게 동일한 방식으로 그 효력을 나타내는 것은 아닙니다.

불가항력적 은혜

날마다 반복되고 있는 하나님께 대한 인류의 반역과 불순종은(롬 3:10-12; 행 7:51) 하나님의 구원의 은혜를 따라 그 합당한 시기에 놀라운 방식으로 완전히 극복될 것입니다. 이 큰 구원의 은혜는 하나님이 구원하시기 위해 그 뜻대로 미리 택하신 죄인들, 곧 구원 받을 자격이 전혀 없는 무가치한 반역자들에게 향하신 놀라운 은혜입니다.

성도의 견인

그리스도 안에서 하나님으로부터 의롭다 하심을 얻은 모든 믿는 자들은 믿음의 선한 싸움에서 반드시 승리할 것입니다. 우리는 믿음 안에서 끝까지 인내하고 견뎌낼 것입니다. 우리는 내 영혼의 원수에게 결코 굴복당하지 않을 것입니다. 이러한 성도의 견인은 새 언약에서 확실히 약속되어 있습니다. 그것은 그리스도의 피로 이미 획득된 것이며, 하나님께서 지금도 친히 우리 안에서 그 일을 행하고 계십니다. 그러나 그렇기 때문에 우리의 영적 경계심이 줄어드는 그런 방식으로가 아니라, 오히려 우리의 경계심에 더욱 권능과 위로를 입히는 방식으로 역사하십니다. 따라서 최후의 날에 우리는 이렇게 고백하게 될 것입니다. "주님, 저는 선한 싸움을 싸우고 저의 달려갈 길을 다 마치고 믿음을 지켰습니다. 그러나 이것은 제가 한 것이 아니고 오직 저와 함께 하신 하나님의 은혜입니다"(딤후 4:7; 고전 15:10).

이제 우리는 칼빈주의 5대 교리의 각 가르침에 대한 성경적인 설명과 그에 합당한 근거를 살펴보려고 합니다. 제 자신이 옳다고 믿어온 것들이 여러분에게도 옳게 증명될 수 있기를 바랍니다. 그러나 무엇보다도 하나님의 말씀이 온전히 설명되고 우리의 마음과 생각이 부드러워져서 하나님의 진리의 가르침을 분별하고 받아들일 수 있게 되길 기도합니다.

3장
전적 타락

우리가 인간의 타락(depravity)이라고 말할 때, 그것은 죄를 억제하고 사람을 변화시키는 하나님의 은혜가 전혀 주어지지 않은 형편에 처한 인간의 자연적 상태를 의미합니다.

전적(totality) 타락이라 함은 인간으로서 행할 수 있는 최대의 악을 그 사람이 줄곧 행한다는 의미는 분명 아닙니다. 물론 사람이 지금 행하는 것 이상으로도 자신의 이웃에게 더 큰 악을 행할 수 있다는 사실에는 의심의 여지가 없습니다. 그러나 만일 하나님께 기꺼이 복종하려는 동기가 아닌 '자신에게 내재한' 다른 동기 때문에 악을 행하는 것에서 스스로를 억제하는 것이라면, 그 사람의 그러한 '미덕'조차 하나님의 관점에서는 악할 뿐입니다. 로마서 14장 23절은 "믿음에서 행하지 아니한 것은 무엇이든 다 죄니라"[1]고 말씀합니다. 이것은, 겸손히 하나님의 은혜에 의존하는 심령에서 발생한 것이 아닌 경우, 인류가 가치 있게 여겨온 모든 본연의 '미덕'조차 악하다고 평가하는 급진적인 고발인 셈입니다. 말그대로 인간은 전적인 타락의 상태인 것입니다.

인간이 행하는 많은 '선함'에 대한 이러한 급진적인 고발을 더 명확히 이해하기 위해 한 가지 예를 들어 보겠습니다. 십대 청소년 아들을 둔 아버지를 상상해 보십시오. 며칠 전부터 아버지는 농구 경기를 보러 갈 아들에게 자신의 차를 빌려주기

---

1 토마스 슈라이너는 이 구절이 등장하는 이유에 대해 거기에 성경이 강조하는 심오한 원리가 드러나기 때문이라고 했다. 즉 "믿음이 없는 행위는 죄"라는 것이다. 나도 그의 말에 동의한다. "따라서 믿음을 떠나 이루어진 어떠한 행동도 모두 죄라고 주장한 아우구스티누스의 말은 옳다(On the Proceedings of Pelagius 34; On the Grace of Christ 1.27; On Marriage and Concupiscence 1.4; Against Two Letters of the Pelagians 1.7; 3.14; On the Predestination of the Saints 20)." *Romans*, Baker Exegetical Commentary on the New Testament, Vol. 6 (Grand Rapids, MI: Baker, 1998), p. 739. 슈라이너에 따르면, 바울은 23절 상반절("의심하고 먹는 자는 정죄되었나니 이는 믿음을 따라 하지 아니하였기 때문이라")에서 자신의 논점을 좁혀 진술을 끝낼 수 있었다. 그러나 바울은 "믿음을 따라 하지 아니하는 것은 다 죄니라"는 절대적 기준을 하반절에 덧붙임으로 그 진술의 토대를 넓혀 이를 일반화하고 있다. 또한 슈라이너의 지적대로 우리는 롬 4:18-21을 통해 그것이 왜 그러한지를 볼 수 있다. 즉 믿음으로 하는 행위가 하나님을 영화롭게 하므로, 우리는 삶의 모든 사소한 영역에서도 그렇게 해야 한다(고전 10:31). 하나님을 의지하지 않은 채 이뤄지는 우리의 모든 행동과 생각은 결국 그것으로부터 비롯되는 모든 권세와 영광을 우리 자신에게로 돌리게 한다(벧전 4:11; 고전 15:10; 갈 2:20). 그것은 죄다. 심지어 외적으로는 하나님의 뜻에 따른 것처럼 보이는 행위라고 해도 그 또한 죄다.

로 약속했습니다. 다만, 아들에게 농구 경기장에 아빠의 차를 타고 가려면 그 전에 세차를 해야 한다고 당부했습니다. 처음에 아들은 그러겠다고 했고요. 그런데 막상 당일이 되니 아들이 짜증을 내며 차를 닦기 싫다고 합니다. 아버지는 부드럽지만 단호하게 아들에게 며칠 전 약속을 상기시키고, 그 약속을 지킬 것을 기대한다고 말합니다. 하지만 아들은 들은체도 하지 않습니다. 아버지가 재차 타이릅니다. "네가 오늘 저녁에 정말 아빠 차를 타고 갈 거라면, 반드시 세차부터 해야 한다. 그렇게 하기로 약속하지 않았니." 그 말에 아들은 잔뜩 뿔이 나서 방을 뛰쳐나갑니다. 얼마 후 아버지는 차를 닦고 있는 아들을 보게 됩니다. 하지만 아들은 아버지를 향한 사랑 때문에 차를 닦는 게 아닙니다. 심지어는 부모를 공경함으로 주님께 영광을 돌리기 위해서도 아닙니다. 단지 친구들과 농구 경기장에 가고 싶어 그렇게 할 뿐입니다. 아들의 그런 열망이 스스로에게 '순종'의 행위를 강요한 것입니다. 여기서 '순종'에 강조 표시를 했는데, 이는 아들의 순종이 단지 외적인 것에 불과했음을 강조하기 위해서입니다. 아들의 마음은 분명 잘못되었습니다. 이것이 앞서 말했던, "하늘 아버지를 향한 사랑의 마음에서 기인한 것이 아니면 인간이 자랑스럽게 내세우는 '미덕'이란 것도 사실은 부패한 것에 불과하다"는 말의 의미입니다. 심지어 그것이 외견상 성경적 규범에 일치하는 행동이라 할지라도 말입니다.

인간의 그 끔찍한 마음의 상태는 단지 다른 사람과의 관계에서 그것을 평가하는 사람들에 의해 인지될 수 있는 것이 결코 아닙니다. 앞의 예화에서 십대 아들은 친구들을 차에 태우고 경기장에 데려갑니다. 그 행동 자체는 '친절'이며, 친구들은 그것을 자신들에게 제공된 일종의 혜택으로 경험하게 됩니다. 따라서 우리의 모든 행동 이면에 자리해 있는 악은 다른 사람에게 해가 되는지 득이 되는지 여부를 판단하는 것으로는 인지할 수 없습니다. 로마서 14장 23절은 우리의 타락 또는 부패한 상태는 근본적으로 하나님과의 관계 속에서 그러하다는 것을 명시합니다. 다른 사람과의 관계는 부차적일 뿐입니다. 바로 이 부분을 출발점으로 삼지 않는다면, 우리는 우리 자신의 본질적인 전적 타락의 상태를 온전히 자각하기 어려울 것입니다.

인간은 적어도 다음 네 가지 측면에서 전적으로 부패했다고 말할 수 있습니다.

1. 하나님께 대한 우리 인간의 철저한 반역과 불순종

하나님의 전적인 은혜가 아니고선, 우리는 하나님의 거룩하심을 기뻐할 수 없으며 하나님의 주권적 권위에 기꺼이 순종할 수도 없습니다.

물론 전적으로 타락한 사람도 매우 종교적이고 박애주의적인 모습으로 살아갈 수 있습니다. 예수님이 언급하신 것처럼 그들은 기도하고 구제하며 금식하기도 합니다(마 6:1-18). 그러나 그러한 모습이 하나님의 값없이 베푸시는 은혜에 대한 어린아이 같은 마음의 신뢰에서 나온 것이 아니라면, 그들의 숭고한 종교 행위조차 오히려 창조주의 권세에 대한 반항일 수밖에 없습니다. 그들의 종교는 자기의존적 삶을 포기하지 않고, 공로 없는 자에게 베푸시는 하나님의 자비하심이 유일한 소망임을 인정하지 않으며, 하나님께 자신의 모든 소망을 두길 원하지 않는 인간의 내면을 감추기 위한 최고의 방법 가운데 하나이니까요(눅 18:9-14; 골 2:20-23).

우리의 전적인 반역의 모습은 로마서 3장 9-11절과 18절에 잘 나타나 있습니다. "그러면 어떠하냐 우리는 나으냐 결코 아니라 유대인이나 헬라인이나 다 죄 아래에 있다고 우리가 이미 선언하였느니라 기록된 바 의인은 없나니 하나도 없으며 깨닫는 자도 없고 하나님을 찾는 자도 없고… 그들의 눈 앞에 하나님을 두려워함이 없느니라 함과 같으니라." 만일 하나님을 찾되 그분을 영화롭게 하려는 마음이 있다면, 그것은 우리의 본성에서 나오는 것이 아닙니다. 그것은 하나님이 선물로 주신 것입니다. 이는 하나님을 대적하는 우리의 반항적 본성이 하나님의 자비하심과 은혜에 의해 극복되는 하나의 실례라 할 수 있습니다.

하나님을 찾지 않는 인간의 자연적 상태

인간이 자연적 상태에서 진심으로 하나님을 찾는다는 주장은 신화에 불과합니다. 물론 사람들은 하나님을 찾습니다. 그러나 그들은 참되신 하나님으로서의 하나님을 찾지 않습니다. 그들은 단지 자신들을 죽음의 위협에서 건져주거나 또는 자신들의 세속적 안위를 보장해 줄 수 있는 존재로서 신을 추구할 뿐입니다. 그러므로 회심의 은혜가 아니고선, 누구도 참되신 하나님의 빛 가운데로 나올 수 없습니다.

어떤 사람들은 빛으로 나오기도 합니다. 그러나 요한복음 3장 20-21절이 그들에 대해 하는 말씀을 들어보십시오. "악을 행하는 자마다 빛을 미워하여 빛으로 오지 아니하나니 이는 그 행위가 드러날까 함이요 진리를 따르는 자는 빛으로 오나니 이는 그 행위가 하나님 안에서 행한 것임을 나타내려 함이라 하시니라." 그렇습니다. 빛으로 나오는 자들이 있습니다. 하지만 그들의 행위는 곧 하나님이 행하신 일입니다. "하나님 안에서 행해졌다"는 말은 결국 하나님이 행하신 일임을 의미합니다. 하나님의 이러한 은혜의 역사가 아니고선, 모든 인간은 하나님의 빛을 싫어하고 그분께 나오길 거부할 뿐입니다. 자신들의 악행이 드러날까 두렵기 때문입니다. 이것이 전적 반역의 모습입니다. "하나님을 찾는 자도 없고… 그들의 눈 앞에 하나님을 두려워함이 없느니라!"

2. 전적인 반역 상태이므로 철저히 악할 수밖에 없는 인간의 모든 행위

로마서 14장 23절에서 바울은, "믿음을 따라 하지 아니하는 것은 다 죄니라"고 선언합니다. 그러므로 만일 인간이 정말로 하나님께 대한 전적인 반역 가운데 있다면, 그들이 하는 모든 행위는 반역의 산물이며 결코 하나님을 영화롭게 할 수 없는 것들입니다. 그들의 모든 행위는 자신들에게 정죄로 되돌아올 반역의 일부분일 뿐입니다. 물론 내면의 불신앙에서 나온 그 행위도, 때로는 외견상으로 하나님의 계시된 뜻에 부합하는 것처럼 보이는 경우가 있습니다(예를 들면, 부모를 공경하거나 진실을 말하는 것 등 말입니다). 그러나 단지 외견상 그렇게 보인다고 해도, 그 행위가 하나님의 뜻에 온전히 부합하다고 할 수는 없습니다. 우리의 모든 행위는 오직 사랑 안에서 이루어져야 합니다(고전 16:14). 하지만 그 사랑은 오직 믿음 안에서 얻는 열매입니다(갈 5:6; 딤전 1:5). 그리스도를 높이는 믿음과는 관계없이, 단지 인간적인 마음에서 나온, 외적으로만 선해 보이는 행위는 결국 사랑 안에서 이루어진 것이 아니며, 그러므로 하나님의 뜻에 따른 행위가 아니기에 사실상 죄악에 불과합니다.

예를 들어 보겠습니다. 자신을 섬기는 신하들에게 전쟁에서 이기는 비결을 가르친 한 왕이 있습니다. 그런데 그 신하들은 왕에게서 전수 받은 전쟁의 모든 비결을 동원해 왕을 반역하는 데 사용했습니다. 왕이 전수했으며, 적국을 상대로 전쟁에서 이길 수 있는 비결은, 그 자체로는 매우 탁월하고 훌륭하며 '선한' 것이지만, 악한 것이 되고 말았습니다.

사람이 선을 행할 수 있다면 그것은 오로지 사람이 하나님의 형상으로 창조되었기 때문에 가능한 일입니다. 그리고 오직 하나님을 섬기기 위해 그 일을 행한다면 칭찬 받아 마땅합니다. 그러나 여전히 하나님을 반역하는 가운데 있으면서, 정작 하나님이 아닌 자신을 섬기려는 동기가 있는데, 선한 일을 행한다면 어떻게 되겠습니까? 그것은 비록 선한 일처럼 보이지만 자신의 반역을 합리화하기 위해 선한 것으로 포장된 죄악일 뿐입니다. 그럼에도 우리는 (반역 가운데서) 실현한 그 대단한 결과와 업적을 보면서 그것을 하나님의 탁월하심의 흔적으로 여기며 칭송하곤 합니다. 그러나 분명하게 말하지만, 그러한 것들이 하나님을 외면하는 가운데 우리의 이익을 위해 추구한 결과물이라면, 마지막엔 결국 눈물로 후회하게 될 것입니다.

로마서 7장 18절에서 바울은 이렇게 말합니다. "내 속 곧 내 육신에 선한 것이 거하지 아니하는 줄을 아노니 원함은 내게 있으나 선을 행하는 것은 없노라." 하나님께 대한 반역 속에서 우리가 품는 모든 생각과 느낌은 악할 뿐이라는 사실을 철저히 인정하는 고백입니다. 모든 면에서 철저히 불순종하는 우리의 모습입니다. 그런데 바울은 "곧 내 육신"이란 수식어로 자신의 부패한 상태를 한정합니다. 그렇게 함으로써, 오직 자기 안에서 (그의 육신이 아닌) 하나님의 성령이 행하시는 것만이 선하다는 사실을 고백하고 있습니다(롬 15:18). 여기서 바울이 말하는 "육신"이란, 하나님의 성령의 역사와 상관없이, 줄곧 자연적 상태에 머물러 있는 인간을 가리킵니다. 그러므로 바울이 로마서 7장 18절에서 주장하는 요지는, 하나님의 성령의 역사하심과 상관없이 우리가 생각하고 느끼고 행하는 모든 것은 절대로 선할 수 없다는 것입니다.

선한 것으로 여겨지는 것들에 대해

우리는 "선하다"(좋다, good)라는 용어가 다양한 의미에서 사용된다는 사실을 잘 알고 있습니다. 우리는 이 용어를 전적으로 타락한 사람들이 벌이는 여러 행위들 (그러나 하나님과 전혀 상관없이 이루어지는 사실상 선하지 않은 행위들)을 가리키는 제한된 의미로 사용할 수 있습니다.

예를 들면, 대다수의 불신자들이 살인을 저지르지 않을 뿐더러 대개의 경우 박애주의를 실천하며 살아간다는 점에서 우리는 그런 모습을 가리켜서도 '선하다'고 말할 수 있을 것입니다. 우리가 어떤 행위들을 가리켜 선하다고 말할 때, 대체로 그것은 외적으로는 하나님이 성경에서 명하신 삶에 어느 정도 부합하는 모습이기도 합니다.

그러나 하나님이 계시하신 뜻에 외적으로 부합해 보이는 행위라고 해도, 하나님과 완전히 단절된 관계에서 비롯된 것이라면 결코 의롭지 않다고 평가할 수 있습니다. 하나님을 의지하는 가운데 행해지거나, 오직 하나님의 영광을 도모하기 위해 행해진 것이 아니기 때문입니다. 하나님이 그 모든 자원을 제공하고 허락하심에도 불구하고 그분을 신뢰하고 의지하지 않았을 수 있습니다. 모든 일에서 영광을 받으시는 것이 하나님의 뜻임에도 불구하고, 그분을 마땅히 높이지 않았을 수 있습니다(고전 10:31). 그러므로 이처럼 외적으로는 "선한" 행위조차 우리가 처한 전적 반역의 일부분이며, 하나님과 단절된 관계에서 비롯된 것이라면, 결국 그것은 진정으로 "선한" 행위로 간주되지 않을 것입니다.

3. 하나님께 순종하고 선을 행하는 일에 철저히 무능한 인간

앞에서 우리는 (하나님의 은혜에서 멀어진 인간이란 의미로 사용되는) "육신"이란 용어를 살펴보았는데, 이번에는 바울이 이 육신을 가리켜 철저히 불순종의 노예가 되었다고 선언하는 대목을 보게 됩니다. 로마서 8장 7-8절은 이렇게 말씀합니다. "육신의 생각은 하나님과 원수가 되나니 이는 하나님의 법에 굴복하지 아니할 뿐 아니라 할 수도 없음이라 육신에 있는 자들은 하나님을 기쁘시게 할 수 없느니라."

"육신의 생각"은 하나님의 성령의 내주하심에서 괴리되어 있는 인간의 마음 상태를 나타냅니다("만일 너희 속에 하나님의 영이 거하시면 너희가 육신에 있지 아니하고 영에 있나니 누구든지 그리스도의 영이 없으면 그리스도의 사람이 아니라", 롬 8:9). 그러므로 하나님의 은혜로부터 단절된, 자연적 상태의 인간은 하나님께 순종하지도 않고 복종할 수도 없는 사고체계에 사로잡혀 있습니다. 사람은 스스로의 힘으로 자신을 개혁할 수 있는 존재가 아닙니다.

에베소서 2장 1절은 우리 모든 그리스도인을 가리켜, 한때 "허물과 죄로 죽었던" 자들이라고 말씀합니다. 우리가 죽었던 자들이라는 진술은 우리가 하나님과 어떠한 영적인 교감도 함께 나눌 수 없는 무능한 상태에 있었음을 지적합니다. 비록 우리의 몸은 살아 있었지만, 우리의 마음은 하나님께 대하여는 돌처럼 굳어 있었습니다(엡 4:18; 겔 36:26). 우리 마음의 눈은 어두워져서, 그리스도 안에 있는 하나님의 영광을 볼 수 없었습니다(고후 4:4-6). 우리는 스스로의 힘으로는 자신을 절대로 변화시킬 수 없는 철저히 무능한 존재였던 것입니다.

4. 영원한 형벌을 받아 마땅한 우리의 반역과 불순종

계속해서 에베소서 2장 3절은 영적으로 죽음의 상태에 있던 우리가 본질상 "진노의 자녀"였다고 말합니다. 즉, 하나님 앞에서 나 자신을 썩은 시체와 다를 바 없게 만들었던 우리 마음의 부패함으로 인해 우리가 하나님의 진노 아래 처해 있었다는 것입니다.

우리의 무한한 죄책에 대한 하나님의 단호한 유죄 평결이야말로 지옥이 현실화하는 것이라 말할 수 있습니다. 만일 우리의 타락과 부패가 영원한 형벌을 받아 마땅한 것이 아닌데도, 하나님께서 영원한 고통이라는 무시무시한 형벌로 우리를 처벌하셨다면 분명 하나님은 의로운 분이 아닐 것입니다. 하지만 성경은 불신자들을 정죄하여 영원한 지옥으로 떨어트리시는 하나님은 단연코 공의로우시다고 분명히 가르치고 있습니다(살후 1:6-9; 마 5:29-30; 10:28; 13:49-50; 18:8-9; 25:46; 계 14:9-11; 20:10). 그러므로 지옥이, 타락한 인간에 대한 하나님의 의로운 유죄 판결의 결과라는 관점에서 볼 때, 오직 하나님의 구원의 은혜가 아니고선, 우리 자신은 단죄를 받고 영원히 죗값을 치러 마땅한 자란 사실을 반드시 기억해야 합니다.

전적 타락의 두려운 교훈

요약하면, 전적 타락의 의미는 우리가 모든 면에서 하나님께 철저히 불순종했으며, 그러한 반역 가운데 우리가 행하는 모든 일은 전부 다 죄악된 것일 뿐이며, 우리는 하나님께 순종할 능력도, 우리 자신을 변화시킬 능력도 전혀 없고, 따라서 우리는 전적으로 영원한 형벌을 받아 마땅한 존재라는 것입니다.

우리는 나 자신이 이처럼 매우 심각하고 위험한 상태에 있음을 인정해야 합니다. 그렇게 인정하는 것이 얼마나 중요한지는 아무리 강조해도 지나침이 없습니다. 만일 우리가 자신을 기본적으로 선한 사람으로 간주하거나, 또는 하나님과 그래도 완전히 불화한 것은 아니라고 여긴다면, 하나님의 구속 사역의 의미를 온전히 깨닫지 못할 것입니다. 그러나 만일 우리가 나 자신의 전적 타락에 대한 이 두려운 진리 앞에 스스로를 겸손히 낮춘다면, 우리는 앞으로 우리가 다루게 될 하나님이 행하신 일의 영광과 경이로움을 바라보고 이로 인해 주님께 감사할 수 있을 것입니다.

이 책의 목표는 하나님의 은혜를 더 깊이 경험하도록 돕는 것에 있습니다. 우리를 우울하게 하거나 낙심하게 하거나 무력하게 만드는 데 있지 않습니다. 우리가 앓고 있는 질병의 심각성에 대한 올바른 지식은 우리의 의사이신 하나님의 위대하심에 대한 더 큰 놀라움으로 우리를 안내합니다. 자신의 고질적인 반역과 철저하게 부패한 모습을 비로소 깨닫고 나면, 그토록 오랫동안 고통을 감수하면서까지 우리를 향하신 하나님의 은혜와 그분의 오래 참으심 앞에, 우리는 깊은 충격으로 무너지고 말 것입니다. 우리가 나 자신의 전적 타락과 그 부패함의 최대치를 인식할 수 있다면, 그로 말미암아 하나님을 예배하는 우리의 태도와 마음자세, 그리고 다른 사람들, 특히 적대하거나 꺼려했던 사람들을 대하는 방식에도 심대한 변화를 일으키게 될 것입니다.

4장
불가항력적 은혜

제가 지금 칼빈주의 5대 교리의 전통적인 튤립(TULIP)의 순서를 살짝 바꾸고 있음을 눈치채셨을지도 모르겠네요. 여기서 알파벳 'I'는 불가항력적 은혜(irresistible grace)를 상징하고, 대개의 경우 네 번째로 언급됩니다. 저는 이것을 전적 타락(total depravity)을 상징하는 알파벳 'T' 다음에 두 번째로 다루고자 합니다. 그 이유는 (지난 수 년 동안 제 자신이 보고 들은 바에 따르면) 대부분의 그리스도인에게는 거부할 수 없는 은혜에 대한 개인적인 경험이 나름대로 있기 때문입니다. 그들이 그러한 경험을 불가항력적 은혜로 부르진 않더라도 말입니다. 거부할 수 없는 은혜의 실재에 대한 그러한 소중한 경험은 이 책에서 다루고자 하는 칼빈주의 5대 교리에 대한 이해를 보다 수월하게 해줄 수 있습니다. 이는 결과적으로 칼빈주의의 나머지 교리에 대해서도, 그것을 성경적 진리로 받아들이도록 돕는 측면이 있습니다.

조금 더 구체적으로 말하면, 저는 회심 경험에 대해 이야기할 때 그것이 마치 자기 자신 덕에 일어난 것처럼 이야기하는 그리스도인은 거의 본 적이 없습니다. 그리스도인의 마음 깊은 곳에 자리한 하나님의 은혜는 그것을 경험하는 이로 하여금 그동안 일어난 모든 일로 인하여 하나님께 영광을 돌리게 만드는 무언가가 있습니다. 예를 들면, 이런 질문을 던질 수 있습니다. "마지막 심판 때 주님께서 '네 친구들은 복음을 듣고도 나를 믿지 않았는데, 너는 어찌하여 복음을 듣고서 나를 믿게 되었느냐?'라고 물으신다면 당신은 어떻게 대답하겠습니까?" 만일 그런 질문을 받는다면, "사실 제가 그 친구들보다 더 지혜롭기 때문입니다", 또는 "사실 제가 사리판단이 더 정확하기 때문입니다", 또는 "제가 더 영적이기 때문입니다", 또는 "제가 더 많은 훈련을 받았기 때문입니다", 또는 "제가 더 겸손한 사람이기 때문이지요"라고 대답할 사람은 아마도 없을 것입니다. 우리 같은 대부분의 그리스도인들은 본능적으로 하나님의 은혜에 감사와 영광을 올려드려야 한다는 것을 강력하게 느낍니다. "나의 나 된 것은 오직 하나님의 은혜입니다." 다른 말로 하면, 우리는 내가 회심하여 하나님을 믿게 된 결정적인 원인이 하나님의 은혜 때문임을 직관적으로 알고 있다는 것입니다. 이것이 바로 우리가 여기서 살펴보고자 하는 '거부할 수 없는 은혜', 또는 '불가항력적 은혜'입니다.

그러나 은혜에 저항하는 우리

불가항력적 은혜의 교리는 우리가 성령의 모든 영향력과 감화에 결코 저항하지 못한다는 의미는 아닙니다. 오히려 우리는 변함없이 저항하고 또 저항합니다. 하지만 성령님은 언제든 그분이 원하시면, 우리의 그 모든 저항과 완고함을 극복해 내시며 결국엔 그분의 은혜를 거부할 수 없도록 만드신다는 의미입니다.

사도행전 7장 51절에서 스데반은 유대교 지도자들에게 이같이 증거합니다. "목이 곧고 마음과 귀에 할례를 받지 못한 사람들아 너희도 너희 조상과 같이 항상 성령을 거스르는도다." 사도 바울은 하나님의 성령을 근심하게 하거나 소멸하지 말 것을 우리에게 경고합니다(엡 4:30; 살전 5:19). 하나님은 많은 권면과 설득을 하시지만 목이 곧은 우리는 한결같이 거부합니다. 실제로 구약의 이스라엘 역사 전체가 하나님의 계명과 약속에 대한 인간의 완고한 저항과 거부를 압축해 놓은 한

편의 이야기라 할 수 있습니다. 포도원 주인과 악한 농부들의 비유가 이를 잘 보여줍니다(마 21:33-43; 참고. 롬 10:21). 그러나 이러한 인간의 저항이 하나님의 주권과 모순되는 것은 아닙니다. 하나님은 인간의 저항을 허용하시고, 언제든 원하시는 때에, 그것을 극복하십니다.

불가항력적 은혜의 교리는 주권자이신 하나님께서 언제든 원하시면 인간의 모든 저항을 이겨내신다는 것을 의미합니다. "땅의 모든 사람들을 없는 것같이 여기시며 하늘의 군대에게든지 땅의 사람에게든지 그는 자기 뜻대로 행하시나니 그의 손을 금하든지 혹시 이르기를 네가 무엇을 하느냐고 할 자가 아무도 없도다"(단 4:35). "오직 우리 하나님은 하늘에 계셔서 원하시는 모든 것을 행하셨나이다"(시 115:3). 하나님께서 자신의 주권적인 뜻을 이루고자 결심하실 때는, 아무도 그분의 뜻을 거역하거나 막을 수 없습니다. "주께서는 못 하실 일이 없사오며 무슨 계획이든지 못 이루실 것이 없는 줄 아오니"(욥 42:2).

우리를 믿음으로 이끄시는 하나님의 사역

로마서 9장 14-18절에서 바울은 바로 그러한 사실을 가르치면서, 응당 예상되는 반박 질문을 제기합니다. "그러면 하나님이 어찌하여 허물하시느냐 누가 그 뜻을 대적하느냐"(롬 9:18). 그리고 바울이 답변합니다. "이 사람아 네가 누구이기에 감히 하나님께 반문하느냐 지음을 받은 물건이 지은 자에게 어찌 나를 이같이 만들었느냐 말하겠느냐 토기장이가 진흙 한 덩이로 하나는 귀히 쓸 그릇을, 하나는 천히 쓸 그릇을 만들 권한이 없느냐"(롬 9:20-21).

더 구체적으로 말하면, 불가항력적 은혜란 우리 마음의 불순종을 극복하고 우리를 그리스도 안에서 믿음으로 이끄시어, 우리로 하여금 구원을 얻게 하시는 하나님의 주권적 역사를 의미합니다. 만일 앞장에서 살펴본 대로, 전적 타락의 교리가 정말로 사실이라면, 하나님의 불가항력적 은혜의 실재가 없이는 우리의 어떠한 구원도 불가능할 수밖에 없을 것입니다. 만일 우리가 우리 죄 가운데서 영적으로 이미 죽어 있는 자들이라면, 그리고 불순종하는 본성에 따라 우리에게는 하나님께 순종할 능력이 없다면, 하나님께서 친히 우리의 저항을 정복하시지 않는 한, 우리 스스로는 절대로 그리스도를 믿을 수 없습니다.

이렇게 반문하는 사람도 있겠지요. "예, 맞습니다. 성령이 우리를 하나님께로 이끄셔야 하지요. 하지만 우리도 우리의 자유의지를 사용하여 그러한 이끄심에 순종하거나 거부할 수 있지 않을까요." 그러나 성경은 그렇게 가르치지 않습니다. 구원의 은혜가 우리 안에 지속적으로 작용하지 않으면, 우리는 항상 우리의 자유의지를 사용하여 하나님을 거부하게 될 뿐입니다. 이것이 곧 "하나님께 복종 불가능한" 우리의 상태에 대한 설명입니다. "육신의 생각은 하나님과 원수가 되나니 이는 하나님의 법에 굴복하지 아니할 뿐 아니라 할 수도 없음이라 육신에 있는 자들은 하나님을 기쁘시게 할 수 없느니라"(롬 8:7-8).

만일 어떤 사람이 하나님께 복종할 만큼 스스로 겸손해진다면, 이는 하나님께서 그 사람에게 새로운, 겸손한 마음을 주셨기 때문입니다. 반면에, 어떤 사람은 계속 교만하여 하나님을 완강히 거부하고 굴복하지 않을 수 있습니다. 그렇다면 그 사람에게는 기꺼이 순종하고자 하는 마음이 주어지지 않았기 때문인 것입니다. 우리가 배워야 할 그러한 사실에 대한 가장 설득력 있는 증거는 성경에 있습니다.

아버지께서 이끌지 아니하시면

요한복음 6장 44절에서 예수님은 이렇게 말씀하십니다. "나를 보내신 아버지께서 이끌지 아니하시면 아무도 내게 올 수 없으니." 아버지의 이끄심은 주권적 은혜의 역사입니다. 그러한 은혜의 역사가 아니면, 우리 가운데 어느 한 사람도 하나님을 대적하는 자신의 불순종에서 구원을 받을 수 없습니다. 또다시 이렇게 반박하는 사람이 있을 것 같습니다. "그분은 단지 일부 사람만이 아니라, 모든 사람을 다 이끄시지요." 그러면서 요한복음 12장 32절의, "내가 땅에서 들리면 모든 사람을 내게로 이끌겠노라"는 말씀을 인용할지도 모르겠습니다.

그러나 이러한 반론에는 몇 가지 심각한 결함이 있습니다. 그 중 하나가 이 구절의 "모든 사람"(all people)이란 표현에서 비롯됩니다. 두 단어로 번역되긴 했지만 사실 그것은 "모두"(all, 헬라어 '판타스')라는 한 단어입니다. 원문에는 "사람"을 가리키는 단어가 없습니다. 즉, 예수님은 단순히 이렇게 말씀하신 것입니다. "내가 땅에서 들리면 모두를 내게로 이끌겠노라." 그리고 우리는 요한복음의 다른 유사한 맥락에서 이 "모두"라는 표현이 무엇을 의미하는지 물어야 합니다.

유사한 맥락을 지닌 본문이 바로 앞의 요한복음 11장 50-52절에서 발견됩니다. 요한은 대제사장 가야바가 부지중에 스스로 아는 것 이상의 진리를 말하고 있다고 기록합니다.

한 사람이 백성을 위하여 죽어서 온 민족이 망하지 않게 되는 것이 너희에게 유익한 줄을 생각하지 아니하는도다 하였으니 이 말은 스스로 함이 아니요 그 해의 대제사장이므로 예수께서 그 민족을 위하시고 또 그 민족만 위할 뿐 아니라 흩어진 하나님의 자녀를 모아 하나가 되게 하기 위하여 죽으실 것을 미리 말함이러라.

이러한 진술은 요한이 이 복음서에서 제시하는 예수님의 죽음이 아우르는 범주에 대해 설명합니다. 예수님은 단지 한 특정 민족을 위해 죽으신 것이 아니라, "흩어진 하나님의 자녀(모두)를 모아 하나가 되게 하기 위하여" 죽으셨다는 것입니다. 이것은 곧 복음 전도를 통하여 하나님께서 효과적으로 부르시게 될 이방인 신자들을 지칭하는 언급입니다. 에베소서 1장 4-5절에서 바울이 말한 바와 같이, 그들이 "하나님의 자녀"로 불리는 것은 하나님께서 그들을 택하여 양자로 삼으셨기 때문입니다.

만일 이 본문이 하나의 좋은 비교가 될 수 있다면, 요한복음 12장 32절의 "모든 사람"(all)은 결국 모든 인간을 가리키는 것이 아니라, "하나님의 모든 자녀"를 가리키는 것이 됩니다. 즉, "내가 땅에서 들리면 하나님의 모든 자녀를 내게로 이끌겠노라"는 말씀인 것입니다. 그들은 각 족속과 방언과 백성과 나라 가운데 있는 하나님의 자녀들입니다(계 5:9).

요한복음 10장 15절에서 예수님은, "나는 양을 위하여 목숨을 버리노라"고 말씀하셨는데, 그렇다면 그것은 "나의 모든 양을 내게로 이끌겠노라"란 말씀이 됩니다. 요한복음 10장 27절도, "내 양은 내 음성을 들으며 나는 그들을 알며 그들은 나를 따르느니라"는 말씀을 기록합니다. 그것은 "내 모든 양"이 되어야 합니다. 또한 요한복음 18장 37절에서 주님이, "무릇 진리에 속한 자는 내 음성을 듣느니라"고 말씀하셨는데, 그것은 "진리에 속한 모든 자를 내게로 이끌겠노라"란 말씀이 되어야 합니다. 요한복음 8장 47절에서 주님이, "하나님께 속한 자는 하나님의 말씀을 듣나니"라고 말씀하셨는데, 마찬가지로 그것은 "하나님께 속한 모든 자를 내게로 이끌겠노라"는 말씀이 되어야 합니다. 또한 요한복음 6장 37절에서 수님이, "아버지께서 내게 주시는 자는 다 내게로 올 것이요"라는 말씀은, "아버지께서 내게 주시는 모든 자를 내게로 이끌겠노라"는 말씀이 되겠지요.

한마디로, 성부 하나님과 성자 하나님께서 자기 백성을 어둠 가운데에서 빛으로 인도하신다는 진리가 요한복음 전체에 줄곧 흐른다는 것입니다. 그리스도께서 바로 이를 위해 죽으셨습니다. 그분은 이 목적을 위해 땅에서 들림을 받으셔야 했고, 그렇게 함으로써 모든 사람을 (곧 하나님의 모든 자녀, 모든 양, 진리에 속한 모든 사람, 아버지께서 아들에게 주시는 모든 자를) 자기에게로 이끌고자 하셨습니다. 그 "모든 사람" 중에는 오늘 여기서 살아가는 우리도 포함됩니다. 그러므로 요한복음 12

장 32절은 세상의 모든 사람에게 십자가에 못 박히신 그리스도를 가리켜 보임으로써, 그리고 누구든지 그를 믿는 자는 구원을 얻을 것이라는 좋은 소식을 선포함으로써, 그 일이 오늘 이곳에서도 일어나고 있음을 부연하고 있는 것입니다. 마찬가지 이유로 우리는 십자가에 못 박히신 그리스도, 땅에서 들리신 그리스도를 선포합니다. 그렇게 될 때, 하나님은 귀머거리가 된 세상 사람들의 귀를 열어주십니다. 그리고 양은 그리스도의 음성을 듣고 그분을 따르게 됩니다(요 10:16, 27).

이처럼 요한복음 6장 44절의 그 이끄심("나를 보내신 아버지께서 이끌지 아니하시면 아무도 내게 올 수 없으니")이 우리를 예수님께로 나아오게 하는 실제적인 동력임에도 불구하고, 요한복음 12장 32절(모든 사람을 이끄심)을 이용해 이를 부정하는 사람들이 있습니다. 그들의 잘못된 주장에 대한 최선의 논박은, 예수님을 결국 배신했던 가룟 유다의 실패를 하나님 아버지의 이끄심이라는 상관관계에서 설명하는 요한복음의 진술에서 찾을 수 있습니다.

요한복음 6장 64-65절에서 예수님은 다음과 같이 말씀하십니다.

그러나 너희 중에 믿지 아니하는 자들이 있느니라 하시니 이는 예수께서 믿지 아니하는 자들이 누구며 자기를 팔 자가 누구인지 처음부터 아심이러라 또 이르시되 그러므로 전에 너희에게 말하기를 '내 아버지께서 오게 하여 주지 아니하시면 누구든지 내게 올 수 없다' 하였노라 하시니라.

예수님은 제자들에게, "내 아버지께서 오게 하여 주지 아니하시면 (즉, '이끌지 아니하시면'[요 6:44]) 누구든지 내게 올 수 없다"고 하시면서, "너희 중에 믿지 아니하는 자들이 있[는]" 이유를 설명하십니다. 우리는 이 문장을 이렇게 풀어 쓸 수 있습니다. 가룟 유다는 주님으로부터 받은 그 모든 가르침과 초청에도 불구하고 예수님을 믿지 않았고, 주님은 그 사실을 처음부터 이미 알고 계셨습니다. 그렇기에 "내 아버지께서 오게 하여 주지 아니하시면(이끌지 아니하시면) 누구든지(아무도) 내게 올 수 없다"(요 6:44, 65)고 설명하신 것입니다.

유다의 삶에는 많은 선한 영향력이 주어졌습니다. 유다는 숱한 권면과 가르침을 받았고 3년 동안 주님 곁에서 동행했습니다. 하지만 요한복음 6장 44-65절에서 예수님이 하신 말씀의 요지는, 유다가 그 은혜에 저항한 것이 궁극적으로 그 실패의 결정적인 요인은 아니었다는 것입니다. 예수님께로 나아오게 하는 것이 "유다에게는 허락되지" 않았고, 그 사실이 가장 궁극적으로 결정적인 요인이라는 것입니다. 유다에게는 하나님 아버지의 그 "이끄심"이 없었습니다. 결정적이고 불가항력적인 은혜의 선물이 그에게 주어지지 않았던 것입니다. 이것이 우리가 "불가항력적 은혜"를 계속 언급하는 이유입니다. 사실 우리 모두는 하나님의 은혜에 깊이 저항하고 있다는 면에서 가룟 유다와 전혀 다를 바가 없습니다. 우리 중에 예수님 앞에 진실로 나아오는 사람이 정녕 한 사람이라도 있다면, 그렇게 되는 이유는 우리가 유다보다 더 지식이 많거나, 더 똑똑하거나, 또는 성품이 더 훌륭해서가 결코 아닙니다. 오직 아버지께서 우리의 뿌리 깊은 반항을 제어하고 극복하시어, 우리를 그리스도께로 온전히 이끌어 주셨기 때문입니다. 모든 그리스도인은 도저히 거부할 수 없는 불가항력적 은혜로 구원을 받습니다! 그것은 놀라운 은혜(amazing grace)입니다!

아래 찬송 시는 하나님께서 강권적이고 실패함이 없는, 거부할 수 없는 은혜로 말미암아 우리를 그리스도께로 "이끄실 때" 일어나는 일을 노래하고 있습니다.

> 오랜 세월 어둠에 갇혀
> 죄의 본성에 묶였던 내 영혼,
> 주께서 생명의 빛 비추사
> 나를 깨우고, 감옥을 밝히시니
> 사슬이 풀리고, 내 마음 해방되네
> 나 이제 일어나, 앞으로 나아가, 주를 따르네.

하나님의 선물로서 구원의 요건들

이제 사도 바울이 '회개'를 하나님이 주시는 하나의 선물로 묘사하는 대목을 살펴보고자 합니다. 디모데후서 2장 24-25절에서 바울은 이렇게 말합니다. "주의 종은 마땅히 다투지 아니하고 모든 사람에 대하여 온유하며 가르치기를 잘하며 참으며 거역하는 자를 온유함으로 훈계할지니 혹 하나님이 그들에게 회개함을 주사 진리를 알게 하실까 하며."

하나님 아버지의 '허락하심'("내 아버지께서 오게 하여 주지 아니하시면")이 아니면 아무도 예수님께로 나올 수 없다는 요한복음 6장 65절의 말씀처럼, 여기서 바울은 회개를 하나님의 '허락하심' 아래 주어지는 것이라 말하고 있습니다. "혹 하나님이 그들에게 회개함을 주사." 여기서 주목할 사실은, 바울은 '구원'만 '하나님이 주시는 선물'이라고 말하지 않는다는 겁니다. 바울은 구원에 필요한 요건인 '회개'도 '하나님이 주시는 선물'이라고 말하고 있습니다.

어떤 사람이 "여러분, 회개하고 그리스도께 나아오십시오"라고 호소하는 설교를 들었다고 합시다. 그에게는 그러한 초청에 거부할 수 있는 선택권이 있습니다. 그는 초청을 거부하며 불순종의 길을 택할 수 있습니다. 그러면서 "아니요. 저는 회개할 마음이 없습니다"라고 말할 테지요.

그러나 만일 하나님께서 그 사람에게 회개하는 마음을 주신다면, 그는 거부할 수 없게 됩니다. 왜냐하면 '회개'가 '선물'이란 말은, 곧 하나님께서 우리의 마음을 변화시키시고 우리로 하여금 기꺼이 회개하게 만드신다는 의미이기 때문입니다. 다른 말로 하면, 회개라는 선물이 '우리의 저항하는 심령을 극복하고 이긴다'는 것입니다. 하나님의 이 놀라운 역사를 "불가항력적 은혜"라고 고백하는 이유가 여기 있습니다. 하나님께서는 회개하지 않으려는 우리의 저항을 회개의 선물로 바꿔주십니다. 이것이 곧 우리가 회개함에 이르게 된 방식입니다. 하지만 회개를 경험한 수많은 사람들이 이 사실을 알지 못합니다. 그들은 자신이 회심에 이르게 된 과정에 대한 바른 가르침을 듣지 못했습니다. 그런 사람들은 신자가 된 후에도 예배와 사랑 안에서 성장해 가는 데 어려움을 겪습니다. 어쩌면 여러분도 그 중 하나일지 모릅니다. 그렇다고 하더라도 실망하실 필요는 없습니다. 이제라도 디모데후서 2장 25절을 알게 되었으니 충분히 기뻐할 일이지요. 그러므로 할 수만 있다면, 여러분의 마음에 감사가 넘치게 하십시오. 여러분의 회개가 얼마나 놀라운 것인지, 그 기적과 같은 선물을 새롭게 발견했다는 사실에 감격하십시오. 회개는 우리에게 아무 조건 없이, 값없이 베풀어지는 은혜의 선물입니다. 이는 여러분 자신이 지금까지 스스로에 대해 여겨온 것보다 훨씬 더 특별한 존재로 하나님께서 여러분을 사랑하신다는 의미입니다.

우리의 의지와 상반되지 않게

그렇더라도 불가항력적 은혜란 하나님께서 우리의 의지와는 상반되게 우리를 강제하여, 억지로 회개하게 하거나 또는 믿게 하거나 또는 예수님을 따르게 하는 것을 의미할 수 없습니다. 이것은 너무도 명백합니다. 믿는 것과 회개하는 것과 따르는 것은 항상 의지적인 행위이기 때문에, 만일 그렇지 않다면, 의지와 상관없이 (또는 의지를 거스르면서까지) 이루어지는 회개 또는 믿음은 일종의 모순이며 위선을 초래할 수밖에 없습니다. 불가항력적 은혜는 억지로 또는 마지못해 따르는 사람을 하나님의 나라에 끌고 가는 강제력이 아닙니다. 오히려 그 은혜는 내키지 않던 사람을 자발적인 사람으로 변화시키는 능력입니다. 그것은 낚시 바늘이나 쇠사슬처럼 외부에서 사정없이 당기는 힘이 아니라, 마치 새로운 목마름, 배고픔, 강렬한 욕구처럼, 내부에서 솟구치는 힘입니다.

그러므로 불가항력적 은혜는, 결국에는 우리 자신에게 가장 합리적이고 최고로 유익한 것을 추구하도록 권유하는 말씀인, 설교 가운데서 조화를 이루게 됩니다. 하나님은 말씀 사역을 통하여 사람들의 마음 속에서 그분의 초자연적 역사를 이루십니다. 그렇게 시작된 마음의 변화가 회개와 믿음으로 이어지게 되는 것입니다.

바울은 고린도전서 1장 23-24절에서 이렇게 말합니다. "우리는 십자가에 못 박힌 그리스도를 전하니 유대인에게는 거리끼는 것이요 이방인에게는 미련한 것이로되 오직 부르심을 받은 자들에게는 유대인이나 헬라인이나 그리스도는 하나님의 능력이요 하나님의 지혜니라." 이 본문에는 두 종류의 "부르심"이 함의되어 있습니다. 함께 살펴보겠습니다.

첫째로, 바울의 복음 전도는 모든 사람을 대상으로 하고 있습니다. 유대인과 헬라인 모두 그의 복음을 들을 수 있습니다. 이것은 복음의 일반적 부르심(또는 외적 부르심)입니다. 이 부르심은 모든 사람에게 공평하게 차별 없이 구원을 제시합니다. 누구든 십자가에 못 박힌 그리스도를 믿는 사람은 그분을 자신의 구세주로 받아들일 수 있습니다. 하지만 모든 사람을 대상으로 하는 이러한 복음의 일반적 부르심은 그것을 듣는 이들의 내면에 대부분 수납되지 않으며, 그들은 복음을 대개 미련한 것으로 치부합니다.

하지만 우리가 주목할 둘째로, 바울은 분명히 또 다른 종류의 부르심을 언급하고 있습니다. 바울은 유대인이든 헬라인이든, 복음을 듣는 모든 사람 가운데, 복음의 일반적 부르심을 듣는 것 외에도, 추가로, 또 다른 종류의 "부르심을 받은" 자들이 있다고 언급합니다. "오직 부르심을 받은 자들에게는 유대인이나 헬라인이나 그리스도는 하나님의 능력이요 하나님의 지혜니라"(24절). 달리 말하면, 이 사람들은 더 이상 그리스도의 십자가 복음을 말도 안 되는 미련한 것으로 듣지 않으며, 오히려 십자가를 하나님의 지혜와 능력으로 확신하게 되는 그런 방식으로 부르심을 받는다는 것입니다.

그들의 마음에서 무엇인가 일어났습니다. 예수 그리스도를 바라보는 그들의 시선이 달라졌습니다. 이것을 우리는 구원으로 이끄시는 하나님의 효과적 부르심(또는 내적 부르심)이라고 말합니다. 이것은 마치 예수님이 나사로를 무덤 밖으로 불러내셨을 때의 그 부르심과 같습니다. 예수님은 큰 소리로 부르셨습니다. "나사로야 나오너라"(요 11:43). 그러자 죽어 있던 사람이 무덤 밖으로 걸어나왔습니다. 이러한 부르심은 그 부르심에 담긴 내용을 실제로 창조해 내는 능력이 있습니다. 만일 그 부르심이 "살아나라!"는 음성이라면, 실제로 생명을 살리는 일이 일어날 것입니다. 만일 그 부르심이 "회개하라!"는 외침이라면, 실제로 그 부르심을 들은 자에게서 회개를 이끌어낼 것입니다. 만일 그 부르심이 "믿으라!"는 호소라면, 실제로 믿음을 창조해 낼 것입니다. 만일 그 부르심이 "나를 따르라!"는 명령이라면, 실제로 순종을 불러낼 것입니다. 바울은 누구든지 이러한 방식으로 부르심을 입은 사람들은 더 이상 그리스도의 십자가를 거리끼거나 미련한 것으로 여기지 않게 되며, 오히려 그 십자가를 하나님의 능력과 지혜로 여기게 될 것이라고 말합니다. 그런 부르심을 받은 사람들은 억지와 강제력으로 그리스도께 나아오는 사람들이 아닙니다. 그들은 자신이 무한히 소중하게 여기게 된 어떤 것, 진정으로 가치 있게 여기게 된 어떤 것에 대한 신념에서 자발적으로 행동하는 사람으로 변화됩니다. 바로 그러한 일이 우리의 마음에서도 일어났습니다. 십자가에 대한 우리의 저항과 거부감이 극복되었습니다. 하나님의 부르심이, 그 부르심의 권면과 호소와 외침이 우리의 영적 무지함을 이기고 우리에게 십자가의 지혜와 능력을 볼 수 있는 눈을 열어주셨기 때문입니다. 이것이 바로 우리가 믿는 불가항력적 은혜의 의미입니다.

우리의 의지 가운데 역사하심

억지로 강제하지 않고서도 우리의 의지를 변화시키시는 하나님의 일하심에 대해 바울은 고린도후서 4장 4-6절에서 더 자세히 설명하고 있습니다.

그 중에 이 세상의 신이 믿지 아니하는 자들의 마음을 혼미하게 하여 그리스도의 영광의 복음의 광채가 비치지 못하게 함이니 그리스도는 하나님의 형상이니라 우리는 우리를 전파하는 것이 아니라 오직 그리스도 예수의 주 되신 것과 또 예수를 위하여 우리가 너희의 종 된 것을 전파함이라 어두운 데에 빛이 비치라 말씀하셨던 그 하나님께서 예수 그리스도의 얼굴에 있는 하나님의 영광을 아는 빛을 우리 마음에 비추셨느니라.

자연적 상태의 인간은 그리스도의 보배로운 가치를 볼 수 있는 눈이 없기 때문에, 그것을 보고 믿기 위해서는 반드시 기적이 필요합니다. 바울은 이러한 기적을 하나님께서 "빛이 있으라"고 말씀하신 창조 첫째 날의 기적과 비교하고 있습니다. 우리 모두는 한때 눈 먼 자들이었으나 하나님의 은혜로 눈을 뜨게 되었습니다. 우리는 노예였으나 자유인으로, 죽은 자였으나 살아 있는 자가 되었습니다. 바로 그 사실에 대한 놀라운 진술을 하고 있는 것입니다. "하나님께서 예수 그리스도의 얼굴에 있는 하나님의 영광을 아는 빛을 우리 마음에 비추셨느니라." 참 빛(영적인 빛)이 우리의 마음에 비췄습니다. 그 빛은 "예수 그리스도의 얼굴에 있는 하나님의 영광을 아는 빛"(6절)입니다. 또는 4절의 표현처럼, 그 빛은 "하나님의 형상이신 그리스도의 영광의 복음의 광채"입니다. 다르게 말하면,

하나님께서는 그리스도의 영광, 즉 그 자체로도 입증되는 그리스도의 진리와 아름다움을 우리의 마음에 보이고 느껴지게 하신다는 것입니다.

그 순간부터, 그리스도에 대한 우리의 생각에 근본적인 변화가 시작됩니다. 사실상 이것은 새로운 창조이자 새로운 탄생입니다. 이러한 기적은 "오직 부르심을 받은 자들에게… 그리스도는 이제 하나님의 능력과 하나님의 지혜[로 보이게 된다]"는 고린도전서 1장 24절 말씀에서 우리가 살펴봤던 효과적 부르심과 본질적으로 동일한 하나님의 역사입니다. 부르심을 받은 사람들은 하나님의 주권적이고 창조적인 능력으로 말미암아 그들의 눈이 열리게 됩니다. 그리하여 그들은 더 이상 그리스도의 십자가를 어리석은 것으로 보지 않고 하나님의 능력과 지혜로 보게 됩니다. 효과적 부르심은 이처럼 우리의 눈 먼 것이 제거되는 기적입니다. 하나님은 그리스도의 영광을 그 거부할 수 없는 아름다움으로 비치게 하십니다. 그것은 실로 불가항력적 은혜입니다.

"주께서 그 마음을 열어"

루디아란 여인이 바울의 설교를 듣고 있는 사도행전 16장 14

절의 장면에서 또 다른 예를 들 수 있습니다. 누가는 이렇게 진술합니다. "주께서 그 마음을 열어 바울의 말을 따르게 하신지라." 하나님께서 우리 마음의 눈과 귀를 열어 주시지 않는 한, 우리는 복음이 전하는 그리스도의 진리를 들을 수 없고 그분의 아름다우심을 볼 수 없습니다. 이러한 '마음-열어주심'은 곧 하나님의 불가항력적 은혜를 뜻합니다. 그 은혜는 눈멀고 귀먹은 우리 자신의 강퍅한 저항을 극복하여 우리로 하여금 복음의 진리에 눈 뜨고 복음의 좋은 소식을 듣게 합니다.

우리는 그것을 "새로운 탄생" 또는 거듭남으로 표현하기도 합니다. 이러한 새 생명으로의 거듭남은 이전에 "죽었던" 우리를 다시 살리시는, 즉 그리스도를 영접하게 함으로 구원을 얻게 하시는, 하나님의 기적적인 창조의 역사입니다. 그러므로 우리는 나 자신의 믿음으로 새 생명을 얻는 것이 아닙니다. 하나님께서 새 생명을 주셔서 나로 하여금 그리스도를 영접하는 믿음을 갖게 하신 것입니다. 요한일서 5장 1절에서 사도 요한은 그러한 상관관계를 이렇게 표현하고 있습니다. "예수께서 그리스도이심을 믿는 자마다 하나님께로부터 난 자니." 이 말씀의 의미는 하나님께로부터 태어나는 것이 먼저 선행되고, 이후 그리스도를 믿는 것이 뒤따른다는 것입니다. 예수님을 믿는 것이 거듭남의 원인이 되는 것이 아닙니다. 우리가 예수님을 믿는 것은 오히려 우리가 "하나님께로부터 태어난 자"라는 사실을 드러내는 명백한 증거가 됩니다.

거듭남: 주권자 하나님의 창조 행위

이를 더 확실히 하기 위해, 우리는 요한복음을 통해, 그리스도를 영접하는 것이 하나님께로부터 태어나는 것과 어떻게 연관되는지를 살펴볼 수 있습니다. "영접하는 자 곧 그 이름을 믿는 자들에게는 하나님의 자녀가 되는 권세를 주셨으니 이는 혈통으로나 육정으로나 사람의 뜻으로 나지 아니하고 오직 하나님께로부터 난 자들이니라"(요 1:12-13). 요한은 하나님께서 그리스도를 영접하는 모든 사람에게 하나님의 자녀가 되는 권세를 주신다고 말합니다(12절). 그런 후에 요한은, 그리스도를 영접한 사람은 "혈통으로나 육정으로나 사람의 뜻으로 나지 아니하고 오직 하나님께로부터 난 자들"이라고 말합니다. 다르게 표현하면 이렇습니다. 우리가 하나님의 자녀가 되기 위해서는 필히 그리스도를 영접해야 하는 것이 맞지만, 하나님의 가족으로 새롭게 태어나는 일은 우리의 의지로는 절대 불가능하다는 것입니다. 오직 하나님만이 그 일을 행하실 수 있습니다.

모든 사람은 허물과 죄 안에서 이미 죽은 자들입니다(엡

2:1). 그러한 우리가 나 자신을 새롭게 하거나, 내 안에서 스스로 새 생명을 창조해 낼 수가 없습니다. 우리는 반드시 하나님께로부터 다시 태어나야 합니다. 그렇게 될 때 우리는 하나님께서 허락하신 새로운 본성 가운데, 비로소 예수 그리스도를 있는 영광 그대로 바라보게 될 것입니다. 그리고 우리 주님을, 그리스도의 그리스도 되심을 기꺼이 영접하게 될 것입니다. 이 두 가지 사건(거듭남 및 믿음)은 매우 밀접하게 연결되어 있기 때문에 우리의 실제 경험 속에서는 그 둘의 구분이 거의 불가능할 정도입니다. 하나님께서 우리를 새롭게 태어나게 하시고, 새로 태어난 어린 생명이 갖는 어렴풋한 첫 번째 인식이 바로 믿음인 셈입니다. 그러므로 우리의 새로운 탄생은 하나님께서 주권적으로 행하시는 하나의 창조적 사건이기 때문에, 결국 그것은 하나님의 불가항력적 은혜의 결과라고 할 수 있습니다. 그리스도를 믿는 우리는 "사람의 뜻으로 나지 아니하고 오직 하나님께로부터 난 자"입니다. 우리의 새로운 탄생에 대한 이 놀라운 진리와 그 전개되는 과정의 경이로움 때문에 저는 『거듭남』(*Finally Alive: What Happens When We Are Born Again*)이란 제목으로, 온전히 이 주제만 다루는 책을 집필하기도 했습니다. 불가항력적 은혜의 경이로움 속으로 더 깊이 들어가길 원하시는 분들에게는 또 다른 유익한 참고가 될 것입니다.

우리는 대부분의 그리스도인들이 하나님의 은혜가 자신들의 회심 경험에서 결정적인 요인이었음을 직관적으로 인식한다는 진술로 이번 장을 시작했습니다. 우리는 복음을 거부하는 사람들의 실상을 보았고, 두려움과 떨림 속에, "나의 나 된 것은 모두 하나님의 은혜입니다"라고 고백할 수밖에 없었습니다. 이번 장을 마무리하는 시점에서, 이제 "모든 것이 하나님의 은혜"였다는 사실에 대한 인식이 여러분에게 조금 더 분명해졌기를 소망합니다. 하나님께서는 정말로 우리의 모든 저항과 거부를 극복하셨습니다. 하나님께서는 정말로 우리를 그분 자신께로 이끄셨습니다. 그분은 정말로 우리에게 회개를 선물로 허락하셨습니다. 그분은 정말로 우리를 거듭나게 하셨고, 그래서 우리는 그리스도를 영접할 수 있었습니다. 하나님께서는 정말로 우리의 마음에 그리스도의 영광의 빛을 비추셨습니다. 그분은 정말로 우리를, 마치 나사로처럼, 죽음에서 생명으로 부르셨습니다. 그렇다면 모든 참된 그리스도인은, 그들이 이 모든 사실을 배우기도 전에, 하나님의 은혜에 의해 예수님께로 이끌린 것임을 이미 본능적으로 알고 있다고 해도 결코 놀랍지 않을 것입니다.

진리를 깨닫는 일에서 대개는 우리의 감정이 머리보다 앞섭니다. 불가항력적 은혜와 관련한 그리스도인의 경험도 대체로 그렇습니다. 하지만 이제까지 우리는 그 진리를 하나님의 기록된 말씀에서 직접 살펴보았습니다. 저는 여러분 모두 이러한 배움을 통해 하나님의 은혜를 더 깊이 맛보고 더 깊이 체험하게 되길 기도합니다. 이제 후로는 이전과 전혀 다른 모습으로, 은혜를 깊이 깨달은 새로운 심령으로 하나님을 온전히 경배하며, 형제자매와 이웃을 사랑하게 되길 간절히 기도합니다. 하나님의 주권적 은혜의 그 영광스러운 경험은 우리를 새로운 모습으로 변화시킬 것입니다.

5장
제한 속죄

속죄(Atonement)는 예수 그리스도의 십자가 죽음을 통해 하나님께서 이루신 사역입니다. 그 속죄 사역을 통하여 그리스도는 완전히 의로운 생애를 완성하셨고, 우리의 죗값을 다 치르셨으며, 우리 죄인들을 향했던 하나님의 거룩한 진노를 달래셨고, 우리를 위한 구원의 모든 복을 획득하셨습니다. 만일 우리의 죄가 아무런 변상 없이 그대로 덮인다면, 하나님의 공의와 그로 인한 영광이 드러나지 않을 것이기 때문에, 우리 죄를 대신한 예수 그리스도의 죽음은 필연적인 것입니다. 로마서 3장 25-26절은 바로 이 사실을 지적하고 있습니다.

이 예수를 하나님이 그의 피로써 믿음으로 말미암는 화목제물로 세우셨으니 이는 하나님께서 길이 참으시는 중에 전에 지은 죄를 간과하심으로 자기의 의로우심을 나타내려 하심이니 곧 이 때에 자기의 의로우심을 나타내사 자기도 의로우시며 또한 예수 믿는 자를 의롭다 하려 하심이라.

우리는 이 구절에서, 불의한 자들이 그리스도를 믿어 하나님께로부터 의롭다 하심을 얻으며, 그리스도의 죽음은 그러한 하나님의 공의로우심을 입증하는 데 필수적이라는 사실을 알 수 있습니다. 왜 그렇습니까?

우리의 죄는 하나님의 영광을 모독하는 명백히 불경스러운 것입니다. 그럼에도 불구하고 마치 별것 아니라는 듯이, 재판장이신 하나님이 범죄한 우리의 죄책과 형벌을 아무 대가 없이 그저 면제해 준다면, 그것은 분명 불의한 판결이 될 것입니다. 하나님마저도 불의하신 분으로 오해받을 위험이 있습니다.

하나님의 영광은 그 가치가 무한하기 때문에, 그것을 모독한 죄 역시 그 악함이 무한합니다. 죄 있는 인간의 어떠한 것으로도 벌충할 수 없습니다. 그래서 예수님은 우리의 죄 문제를 해결하시기 위해 우리의 죄로 인한 저주를 대신 받으셔야 했습니다. 그렇게 함으로써 우리는 의롭다 하심을 얻고, 최종적으로는 하나님의 공의로우심이 입증될 수 있기 때문입니다.

그리스도께서 실제로 성취하신 것은 무엇인가

"제한 속죄"라는 표현은 다음 질문들에 대한 설명을 내놓기 위한 것입니다. "그리스도는 누구를 위해 그 모든 일을 행하셨습니까?", "그리스도는 누구를 위해 죽으셨습니까?", "그리스도는 누구의 죄를 대속하셨습니까?", "그리스도는 누구를 위해 구원의 모든 은택을 얻으셨습니까?" 그러나 속죄의 범위(한계)와 관련된 이러한 질문들의 이면에는 또다른 중요한 질문이 자리하고 있습니다. 그것은 속죄의 본질에 대한 질문입니다. "십자가에서 그리스도가 누군가를 위해 죽으시면서 실제로 성취하신 것은 무엇입니까?" 이 질문은 앞서의 다른 질문들에 대한 답변이 보다 분명해지도록 돕는 측면이 있습니다.

두 가지 선택안이 있습니다. 그리스도께서는 모든 사람을 위해 죽으셨습니까? 아니면 실제로 믿게 될 자들을 위해 죽으셨습니까? 이 두 가지 중에서 무엇을 선택하느냐에 따라, 그리스도의 속죄의 본질에 대한 정의가 달라집니다. 만일 그리스도께서 모든 인류를 위해 죽으셨다고 말한다면, 이 경우에 그리스도의 죽음은 모든 사람을 구원으로 이끄는 데 결정적인 요소가 아닌 것이 됩니다. 그리스도께서 모든 사람을 위해 죽으셨음에도 실제로는 구원 받지 않은 많은 사람들이 존재하니까요. 그리스도의 속죄가 우리 모두의 구원을 보장하는 데

한계가 있다는 말이 됩니다. 그 죽음은 단지 모든 사람이 구원 받을 수 있는 가능성만 열어놓은 것이 됩니다. 따라서 누군가가 구원을 확실히 보장 받으려면 그리스도의 속죄의 죽음 외에 다른 무언가가 추가되어야 합니다. 즉 구원을 받아야 하는 당사자의 선택이 결정적으로 중요해지는 겁니다. 이러한 경우라면, 그리스도의 죽음은 타락한 인간에게 내려진 사형 선고를 결정적으로 제거하지 못하고, 어느 누구에게도 새로운 생명을 보장할 수 없는 것이 됩니다. 그리스도의 속죄의 죽음이 구원의 필요조건이 될 뿐 충분조건이 되지 못하고 맙니다. 속죄에 대한 이러한 관점에서는 믿음과 회개조차 죄인들을 위해 하나님께서 허락하시는 선물이 될 수 없습니다. 개인의 공로로 인정되는 선택을 통해 믿음과 회개를 받아들여야만 구원이 성취되는 상황이 벌어지기 때문입니다. 그리스도의 속죄가 이런 것일까요?

속죄에 대한 해석은 앞장에서 살펴본 불가항력적 은혜와 매우 밀접한 관련이 있음을 눈치 채셨을 것입니다. 제가 믿기로, 성경은 예수 그리스도의 피로 말미암아 우리를 위한 불가항력적 은혜가 획득되었다고 가르칩니다. 우리의 새로운 생명은 그리스도의 핏값으로 사신 바 되었습니다. 우리를 향한 하나님의 구원으로의 효과적 부르심도 핏값으로 이루어졌습니다. 우리에게 주시는 회개의 선물 또한 그 핏값으로 사신 것입니다. 이처럼 불가항력적 은혜의 그 어떤 선물도 우리가 거져 받아 마땅한 것은 하나도 없습니다. 예수 그리스도께서 십자가에서 흘리신 피와 십자가에서 획득하신 의로 이 모든 것을 확보하셨기 때문에, 그 은택이 우리에게 제공될 수 있는 것입니다. 그러나 이러한 사실이, 그리스도께서 모든 사람을 위해 십자가에서 죽으셨음을 말하는 것은 아닙니다. 앞서도 언급했듯이, 그렇다면 모든 사람이 거듭났어야 하고, 모든 사람이 효과적 부르심을 받았어야 하며, 모든 사람이 회개의 선물을 받았어야 하기 때문입니다.

그렇기 때문에 이번 장의 서두부터 우리 앞에 놓여 있는 개인적이고 경험적인 질문은 이것이어야 합니다. "지금 나에게 있는 그 부르심, 생명, 믿음 그리고 회개를 그리스도가 나를 위해 결정적으로 보장해 주셨다고 믿는가?"입니다. 이 질문에 "그렇다"고 대답하지 않는다면, "그가 죽으심으로 이루고자 하신 일을 내가 결정적인 것이 되도록 (나의 선택을 통해) 기여했는가?"라는 질문에 "그렇다"고 대답하는 것이 됩니다. 그러므로 만일 그리스도께서 모든 사람을 위해 죽으셨다고 주장한다면, 그 죽음은 구원받는 자들에게 중생의 은혜 혹은 믿음 혹은 회개를 완전무결하게 보장하는 것이 아니라는 말이 됩니다. 그러면 우리에게 구원이란 그리스도의 속죄의 능력으로가 아닌 우리 스스로의 거듭남과 중생을 통해 이뤄내야 하는 것이 됩니다. 주님의 핏값으로 우리에게 주어지는 믿음과 회개의 선물 없이, 우리 스스로의 선택으로 믿음과 회개에 다다라야 하는 것이 됩니다.

다른 말로 하면, 만일 그리스도의 대속에 그 정도의 능력밖에 없다면, 그러한 십자가의 은택에는 우리를 믿음으로 나아오게 하는 하나님의 자비하심이 들어있을 수가 없습니다. 만일 우리를 믿음에 이르게 하는 하나님의 자비하심(불가항력적 은혜)이 그리스도께서 십자가에서 우리를 위해 획득하신 구원의 은택에 포함되지 않는다면, 우리는 여전히 죽음과 눈먼 것에서 그리고 반역과 불순종 가운데서 나의 구원을 획득하기 위한 또 다른 방법을 강구해야 할 것입니다. 만일 그리스도께서 나를 위해 새로운 탄생, 믿음 및 회개로 향하는 출입구를 확보하시지 않았다면, 그분 안에 있는 안전한 구원에 내가 도달하도록 나 자신의 힘으로 또 다른 길을 찾아야 할 것입니다. 그러나 십자가의 은택에는 우리를 믿음에 이르게 하시는 하나님의 자비하심이 분명히 포함되어 있습니다.

누가 속죄를 제한하는 장본인인가

그러므로 한 가지 자명해진 사실은, 그리스도의 속죄를 칼빈주의자들이 임의로 제한시킨 것이 아니라는 점입니다. 오히려 속죄를 실제로 제한시킨 자들은, 그리스도께서 그 대속적 죽음으로 우리가 가장 절박하게 필요로 하는 그것(즉 하나님의 진노 아래 있는 우리의 죽음과 완악함과 무지한 상태로부터의 구원)을 성취하셨다는 사실을 부인하는 사람들입니다. 그들은 그리스도의 속죄의 능력과 그 효력을 제한하고 있습니다. 효력을 제한하지 않는다는 근거로, 그들은 심지어 불신앙 가운데 죽고 정죄를 받은 자들을 위해서도 속죄가 이루어졌다고 말합니다. 그리스도께서 모든 사람을 위해 동일하게 죽으셨다고 주장합니다. 그런 주장이 합리화되기 위해, 그들은 그리스도의 속죄를 (구원을 가능하게 하는) 하나의 가능성 또는 기회로 축소할 수밖에 없습니다. 그것은 타락한 인간이 십자가가 아닌 다른 방편으로, 어떤 효력 있는 나름의 수단을 얻어 자신들의 죽음과 반역에서 벗어나 믿음을 얻을 수 있다고 가정하는 것입니다.

반면에, 우리는 그리스도의 속죄의 능력과 효력을 제한시키지 않습니다. 오히려 우리는 하나님께서, 그 자녀들의 믿음 없는 것을 포함하여 그들을 패망하게 하는 모든 것으로부터 실질적이고 유효한 구속을 십자가에서 확보하셨다고 말할 수 있습니다. 우리는 그리스도께서 특별히 자기 신부를 위해 죽으셨을 때, 단지 하나의 구원 가능성이나 기회를 창출한 것이 아니라, 중생의 은혜와 믿음의 선물을 모두 포함하여, 자기 신부의 구원에 필요한 모든 것을 실제로 성취하셨고 완전히 확보하셨음을 믿습니다.

물론 우리도 그리스도께서 어떤 의미에서는 모든 사람의 구원을 위해 죽으셨다는 사실을 부인하지 않습니다. 디모데전서 4장 10절에서 바울은 그리스도 안에서 하나님은 "모든 사람 특히 믿는 자들의 구주시라"고 말합니다. 다만 우리가 단호히 거부하는 것은 그리스도의 죽음이 모든 사람에게 동일하게 작용하는 죽음이라는 주장입니다.

하나님께서는 어떤 의미에서는 모든 사람의 구원을 위해 그리스도를 보내셨습니다. 그러나 보다 엄밀하고 정확하게 말하면, 하나님께서는 믿는 자들에게 특정적으로 작용하여 구원을 일으키기 위해 그리스도를 보내셨습니다. 이 두 가지 진술에서 드러나는 하나님의 의도는 각기 다릅니다. 그것이 디모데전서 4장 10절에 담긴 자연스러운 해석입니다.

그리스도의 죽음은 "모든 사람"에게 값없이 제공되는 복음의 초대를 위한 토대를 마련합니다. 이것이 요한복음 3장 16절의 의미입니다. "하나님이 세상을 이처럼 사랑하사 독생자를 주셨으니 이는 그를 믿는 자마다 멸망하지 않고 영생을 얻게 하려 하심이라." 아버지께서 그 아들을 이 땅에 보내신 것은, 예수님의 말씀처럼 "그를 믿는 자는 누구든지 멸망하지 않게 하신다"는 의미에서 온 세상 모두를 위한 것입니다. 그런 의미로 본다면, 하나님께서는 모든 사람을 위해 예수님을 보내신 것이 맞습니다. 또는 디모데전서 4장 10절의 말씀으로 표현한다면, 하나님께서는 "모든 사람의 구주"가 되십니다. 그리스도께서 절대적으로 신뢰할 만하고 유효한 죄 사함의 은혜를 모든 사람에게 차별 없이 베풀기 위해 죽으셨다는 점에서, 그리하여 그리스도를 신뢰하는 사람은 예외 없이 모두 구원을 받는다는 의미에서 그러합니다.

복음이 선포될 때, 예수 그리스도는 차별 없이 모든 사람들에게 제시됩니다. 그리고 이러한 제안은 모든 사람에게 절대적으로 진정성 있게 주어집니다. 제공되는 것은 예수 그리스도 자신이며, 누구든지, 문자 그대로 정말로 누구든지 그리스도를 영접하는 사람은 그분이 자기 양을 위해, 자기 신부를 위해 이루시고 성취하신 그 모든 것을 얻게 됩니다. 복음은 구원의 가능성을 '제시하지' 않습니다. 복음 그 자체가 구원의 가능성입니다. 복음이 우리에게 '제시하는' 것은 그리스도 그분입니다. 그리고 자기 백성을 위해 그리스도께서 죽음과 부활로 성취하시고 확보하신, 그분 안에 있는 구원의 무한한 은택인 것입니다.

새 언약의 중추적인 역할[1]

그리스도께서는 단지 모든 믿는 자들의 구원의 길을 여시기 위해서만이 아니라, 또한 그 택하신 자들의 믿음을 실제로 값 주고 사시기 위해 죽으셨다고 말할 수 있습니다. 이렇게 말할 수 있는 성경적 근거는 예수님이 하나님의 백성을 위해 마련된 새 언약의 모든 복을 자기 피로 확보하셨다는 사실에 있습니다. 즉 하나님의 택하심과 부르심을 받은 자들의 믿음은 예수님이 흘리신 그 "언약의 피"로 사신 바 되었습니다(마 26:28).

아르미니우스주의의 관점은 죄인들을, 그들이 믿기 위해서는, 신적인 도움이 필요한 상태로 묘사합니다. 그것은 분명 사실입니다. 우리는 정말로 도움이 필요합니다. 그러나 아르미니우스주의가 상정하는 것보다는 훨씬 더 많은 도움이 필요합니다. 아르미니우스주의의 관점에 따르면, 하나님으로부터 도움을 받은 죄인은, 그 이후엔 자기 자신이 주체가 되어 결정적인 역량을 발휘합니다. 하나님은 단지 거들어주실 뿐입니다.

---

[1] 이 단락의 논증은 존 파이퍼의, "'My Glory I Will Not Give to Another': Preaching the Fullness of Definite Atonement for the Glory of God"에서 더 자세히 다루고 있으며, 해당 글은 다음 책에 수록되어 있다. David and Jonathan Gibson, eds, From *Heaven He Came and Sought Her: Definite Atonement in Historical, Biblical, Theological, and Pastoral Perspective* (Wheaton, Illinois: Crossway, 2013).

죄인 자신이 최종 선택을 한다는 것입니다. 그러한 경우라면, "언약의 피"는 우리의 믿음을 확실하게 보장하지 못합니다. 인간이 자기 편에서 스스로 내리는 자기 결심이 우리 믿음의 결정적 요인이 되는 것입니다. 그들의 주장대로라면, 결국 그리스도의 속죄 사역은 우리에게 그러한 기회 또는 가능성만 열어줄 뿐입니다. 그 결과까지는 보장해 줄 수 없습니다. 그러나 그리스도의 피로 말미암은 새 언약은 우리에게 전혀 다른 내용을 가르치고 있습니다. 지금부터는 새 언약이 우리에게 주는 가르침을 살펴보고자 합니다.

하나님께서는 예레미야를 통하여 새 언약의 규정에 대해 이렇게 말씀하셨습니다.

> 여호와의 말씀이니라 보라 날이 이르리니 내가 이스라엘 집과 유다 집에 새 언약을 맺으리라 이 언약은 내가 그들의 조상들의… 맺은 것과 같지 아니할 것은 내가 그들의 남편이 되었어도 그들이 내 언약을 깨뜨렸음이라 여호와의 말씀이니라 그러나 그 날 후에 내가 이스라엘 집과 맺을 언약은 이러하니 곧 내가 나의 법을 그들의 속에 두며 그들의 마음에 기록하여 나는 그들의 하나님이 되고 그들은 내 백성이 될 것이라 여호와의 말씀이니라… 내가 그들의 악행을 사하고 다시는 그 죄를 기억하지 아니하리라 여호와의 말씀이니라(렘 31:31-34).

본문에서 약속된 새 언약과 '조상들과 맺은' 옛 언약 사이에는 한 가지 근본적인 차이가 존재합니다. 옛 언약에서는 조상들이 그것을 깨뜨렸지만, 새 언약에서는 하나님께서 친히 "율법을 그들의 속에 두며 그들의 마음에 기록할 것"이라 말씀하고 있습니다. 주권자 하나님의 주도적인 개입하심에 의해 언약 조건의 이행이 보장된다는 것입니다. 새 언약은 절대 파기되지 않습니다. 새 언약 자체가 그렇게 짜여 있습니다. 새 언약은 그 참여 당사자들에 대해서도 그냥 내버려두지 않고 그들을 철저히 지켜내며 안전하게 언약이 성취되도록 만듭니다.

하나님은 예레미야서에서 이 사실을 분명히 드러내십니다.

> 내가 그들에게 한 마음과 한 길을 주어 자기들과 자기 후손의 복을 위하여 항상 나를 경외하게 하고 내가 그들에게 복을 주기 위하여 그들을 떠나지 아니하리라 하는 영원한 언약을 그들에게 세우고 나를 경외함을 그들의 마음에 두어 나를 떠나지 않게 하고 내가 기쁨으로 그들에게 복을 주되 분명히 나의 마음과 정성을 다하여 그들을 이 땅에 심으리라(렘 32:39-41).

하나님은 이 본문에서 최소한 여섯 가지를 약속하고 계십니다. 1) 하나님이 영원한 언약을 그들과 더불어 맺으실 것이다. 2) 그들이 복을 얻기 위해 하나님을 항상 경외하도록 하실 것이다. 3) 하나님이 그들에게 복 주시는 일을 결코 멈추지 않으실 것이다. 4) 하나님에 대한 경외심을 그들 마음에 직접 두실 것이다. 5) 그들이 하나님을 떠나지 않게 하실 것이다. 6) 하나님이 항상 기쁨으로 그들에게 복을 주실 것이다.

예레미야 31장보다 분명하게 드러나는 32장의 약속처럼, 하나님은 새 언약의 성공을 확실하게 보장하십니다. 이제는 하나님께서 친히 주권적으로 개입하시고 모든 것을 주도하실 것이란 선포입니다. 우리가 새 언약의 당사자가 되고 그 언약이 유지되는 모든 과정에서, 하나님은 타락한 인간의 의지와 능력에 아무것도 최종적으로 맡기지 않겠다는 결심을 드러내셨습니다. 그 대신 하나님은 우리에게 새로운 마음, 곧 하나님을 경외하는 마음을 주실 것입니다. 그것은 절대적으로 하나님이 하시는 일입니다. 하나님께서는 이 언약을 친히 주도하시고 직접 실행하실 것입니다. 그리고 '그들은 하나님을 떠나지 않게 될 것'입니다(렘 32:40). 존 오웬은 이같이 언급했습니다. "이것이 두 언약에서 나타나는 결정적 차이점이다. 옛 언약에서 주님은 단지 언약 조건의 이행을 요구하셨지만, 새 언약에서 주님은 언약에 참여하는 모든 당사자 안에서 그 일을 행하실 것이다."2

마찬가지로 에스겔도, 하나님께서 모든 일을 친히 주관하시면서 새 마음과 새 영을 주실 것이라고 예언합니다.

> 내가 그들에게 한 마음을 주고 그 속에 새 영을 주며 그 몸에서 돌 같은 마음을 제거하고 살처럼 부드러운 마음을 주어(겔 11:19).

> 또 새 영을 너희 속에 두고 새 마음을 너희에게 주되 너희 육신에서 굳은 마음을 제거하고 부드러운 마음을 줄 것이며 또 내 영을 너희 속에 두어 너희로 내 율례를 행하게 하리니 너희가 내 규례를 지켜 행할지라(겔 36:26-27).

이스라엘 백성이 하나님의 약속을 온전히 신뢰하지 못하고, 온 마음과 뜻과 힘을 다해 하나님을 사랑하지 못했던 근본적인 이유는 바로 그들의 거듭나지 않은, 돌같이 굳은 마음 때문이었습니다. 새 언약이 옛 언약과 다르게 성공적으로 실행되어야 한다면, 하나님은 자기 백성의 돌같이 굳은 마음을 직접 제거하시고 그들에게 하나님을 사랑하는 부드러운 새

---

2 John Owen, *The Death of Death in the Death of Christ*, in The Works of John Owen, ed. W. H. Goold, 16 vols. (Edinburgh: The Banner of Truth Trust, 1967 [1850-1853]), 10:237.

마음을 주셔야 했습니다. 다른 말로 하면, 하나님 백성의 믿음과 사랑을 보장하기 위해, 하나님께서 친히 기적적으로 개입하시고 주도하셔야 한다는 것입니다. 모세 또한 하나님께서 행하실 바로 이 일에 대해 정확히 진술했습니다.

> 네 하나님 여호와께서 네 마음과 네 자손의 마음에 할례를 베푸사 너로 마음을 다하며 뜻을 다하여 네 하나님 여호와를 사랑하게 하사 너로 생명을 얻게 하실 것이며(신 30:6).

다른 말로 하면, 새 언약과 관련하여 하나님은 친히 그 일에 발벗고 나서심으로써 우리 안에 새로운 마음을 창조하실 것을 약속하십니다. 그리하여 하나님의 백성들은 그들이 주도함으로가 아니라 하나님의 주도하심으로 새 언약의 참여자가 될 것입니다. 만일 어떤 사람이 새 언약에 참여할 뿐 아니라 그 언약의 모든 복을 누리게 된다면, 그것은 하나님께서 그 사람의 죄를 사하시고 그 돌 같은 마음을 제거하사 하나님을 경외하고 사랑하는 부드러운 마음을 주시고, 그분의 율례를 행하게 하셨기 때문입니다. 즉, 새 언약은 우리의 거듭남을 약속합니다. 새 언약은 예전에는 돌처럼 굳었던 우리 마음속에 믿음과 사랑과 순종이 새롭게 창조될 것을 약속합니다.

새 언약의 약속을 성취하는 예수 그리스도의 피

이와 관련하여 신약에서 우리가 확인하는 사실은, 예수님이 이러한 새 언약의 중보자가 되시며 자기 피로 이 언약을 보증하셨다는 것입니다. 이것이 바로 그리스도의 속죄 사역과 새 언약 사이의 연관성입니다. 예수님의 피는 새 언약의 피입니다. 예수님의 죽으심은 우리가 살펴본 그 모든 내용과 더불어 새 언약을 세우기 위함이었습니다.

누가복음 22장 20절에 따르면, 예수님이 제자들과 마지막 만찬을 나누실 때 잔을 들고 이렇게 말씀하십니다. "이 잔은 내 피로 세우는 새 언약이니 곧 너희를 위하여 붓는 것이라." 바울은 고린도전서 11장 25절에서 그 말씀을 이렇게 기록합니다. "식후에 또한 그와 같이 잔을 가지시고 이르시되 이 잔은 내 피로 세운 새 언약이니 이것을 행하여 마실 때마다 나를 기념하라 하셨으니." 저는 이것을 새 언약의 모든 약속이 그리스도의 피로 사신 바 되었음을 의미하는 진술이라고 생각합니다. 히브리서의 표현을 빌리면 이와 같습니다. "이와 같이 예수는 더 좋은 언약의 보증이 되셨느니라"(히 7:22). "이로 말미암아 그는 새 언약의 중보자시니 이는 첫 언약 때에 범한 죄에서 속량하려고 죽으사 부르심을 입은 자로 하여금 영원한 기업의 약속을 얻게 하려 하심이라"(히 9:15).

그렇기 때문에 새 언약의 모든 약속은 그리스도의 핏값으로 사신 바 된 약속입니다. 그 약속이 우리 안에서 이루어질 때, 그렇게 실현되는 이유는 예수님이 그 약속이 이루어지도록 우리를 위해 죽으셨기 때문입니다. 즉, 하나님의 백성을 새롭게 창조하고 하나님의 백성을 끝까지 보전하는 새 언약의 구체적인 약속들은 예수님이 죽으셔야 했던 이유이자 목적인 셈입니다.

이 시점에서 확실하게 정리하고 싶은 것은, 새 언약의 모든 약속이 우리의 믿음이라는 조건에 달려 있는 게 아니라는 사실입니다. 오히려 새 언약 안에 남긴 약속 가운데 하나는 우리의 믿음이라는 조건 역시 하나님께서 주시는 것이라고 말합니다. 그래서 새 언약의 백성은 오직 하나님께서 창조하신 백성이고 오직 하나님께서 보전하시는 백성인 것입니다. "내가 그들에게 복을 주기 위하여 그들을 떠나지 아니하리라 하는 영원한 언약을 그들에게 세우고 나를 경외함을 그들의 마음에 두어 나를 떠나지 않게 하고"(렘 32:40). 먼저, 하나님은 우리 안에 하나님을 경외하는 마음을 주십니다. 그리고 하나님은 우리가 그분을 떠나지 않도록 우리를 지켜 주십니다. 하나님은 새로운 백성을 빚으시고 그 새로운 백성을 끝까지 보호해 주십니다. 하나님은 이 일을 언약의 피, 곧 예수님이 자기 피라고 말씀하신 그 피로 이루어 주십니다(눅 22:20).

새 언약에 대한 이러한 관점은 그리스도의 피로써만 가능한 속죄가 새 언약 백성을 위해 한정된 것이라는 결론으로 이어집니다. 하나님의 백성이 되기 위해 우리가 반드시 갖춰야 할 조건들을 하나님께서 친히 예수 그리스도의 죽으심 안에서 핏값으로 사시고 보장하심으로, 하나님은 무가치한 죄인들의 특정한 무리를 자기 백성으로 삼으십니다. 그 언약의 피, 곧 그리스도의 피는 우리에게 믿음과 회개의 새 마음을 얻게 하고 이를 보증합니다.

하나님께서는 그러한 일을 모든 사람을 위해 행하신 것이 아닙니다. 하나님께서는 그 일을 "한정된" 또는 "특정한" 무리의 사람들을 위해서만 행하셨습니다. 그러나 하나님께서 그렇게 하신 이유는, 그들에게 남들과는 다른 어떤 공로나 공덕이 있어서가 아닙니다. 철저히 하나님 편에서 이루어진 일입니다. 하나님께서는 그 양들을 위해 자기 생명을 버리신 위대한 목자, 예수 그리스도를 통해 그 일을 이루셨기 때문에, 내세울 아무 공로가 없는 우리는 "영광이 그에게 세세무궁토록 있을지어다"(히 13:21)라고 고백할 수 있을 뿐입니다. 그렇기에 이 놀라운 성취는 예수 그리스도의 십자가에 담긴 영광 가운데 일부입니다.

양을 위해 자기 목숨을 버리신 예수 그리스도

성경에는 여기까지 우리가 살펴본 내용에 대한 많은 증거 본문이 있습니다. 또한 성경은 그리스도의 죽음 안에서 드러나는 하나님의 계획 속에는 그분의 불가항력적인 은혜를 통하여 새 언약 백성을 모으시는 일까지 포함되어 있음을 가르칩니다.

예를 들면, 요한복음 10장 15절에서 예수님은, "나는 양을 위하여 목숨을 버리노라"고 말씀하십니다. 이 말씀은 '나는 모든 사람을 위하여 목숨을 버린다'라는 말과 같지 않습니다. 요한복음에서 "[그] 양"은 모든 사람을 의미하지 않습니다. 또한 자기 결단의 능력을 발휘해 믿음을 얻으려는 사람들을 가리켜 "양"이라는 표현을 쓰지도 않습니다. 오히려 그 양은 하나님께서 택하시고 아들에게 주신 자들입니다(요 6:37, 44). 그들이 믿음을 갖게 된 이유는 전적으로 그들이 그분의 양이기 때문입니다.

우리는 요한복음 10장 26절의 예수님이 하신 말씀에 주목하게 됩니다. "너희가 내 양이 아니므로 믿지 아니하는도다." 다르게 표현하면, 양이라고 하는 우리의 존재 자체가 우리로 하여금 주님을 믿게 만드는 것이지 그 반대가 아니라는 말씀입니다. 따라서 양은 자신이 먼저 믿어서 양이 되는 것이 아닙니다. 그 자신이 이미 양이기 때문에 믿음을 가질 수 있는 것입니다. 그러므로 예수님이 "나는 양을 위하여 목숨을 버리노라"고 말씀하실 때, 그 의미는 이렇습니다. "아버지께서 내게 주신 자들을 내가 나의 피로 사노라. 그리고 나와 연합한 자들에게 주시는 모든 복과 그들의 믿음을 내가 확실히 보장하노라."

요한복음 17장은 같은 맥락으로 말하고 있습니다. 여기서 예수님은 아버지께서 자신에게 주신 자들, 곧 자신의 양들을 위해서만 범위를 한정하여 기도하고 계십니다.

> 세상 중에서 내게 주신 사람들에게 내가 아버지의 이름을 나타내었나이다 그들은 아버지의 것이었는데 내게 주셨으며… 내가 그들을 위하여 비옵나니 내가 비옵는 것은 세상을 위함이 아니요 내게 주신 자들을 위함이니이다 그들은 아버지의 것이로소이다 … 또 그들을 위하여 내가 나를 거룩하게 하오니 이는 그들도 진리로 거룩함을 얻게 하려 함이니이다 (요 17:6, 9, 19).

여기서 그들을 위해 자신을 거룩하게 한다는 예수님의 표현은 곧 그분이 당하실 죽음을 가리킵니다. 그러므로 예수님은 자신이 죽는 것이 지금 위하여 기도하는 그 대상들만을 위한 것임을 말씀하고 계신 것입니다. "내가 비옵는 것은 세상을 위함이 아니요 내게 주신 자들을 위함이니이다"(요 17:9). 바로 그들을 위해 예수님은 자신을 거룩하게 하시고 그들을 위해 예수님은 자신의 생명을 내어주고 계신 것입니다.

하나님의 자녀를 모으기 위해 죽으신 예수 그리스도

요한은 우리에게 대제사장의 입에서 나온 이와 유사한 취지의 예언을 소개하고 있습니다.

> 한 사람이 백성을 위하여 죽어서 온 민족이 망하지 않게 되는 것이 너희에게 유익한 줄을 생각하지 아니하는도다 하였으니 이 말은 스스로 함이 아니요 그 해의 대제사장이므로 예수께서 그 민족을 위하시고 또 그 민족만 위할 뿐 아니라 흩어진 하나님의 자녀를 모아 하나가 되게 하기 위하여 죽으실 것을 미리 말함이러라 (요 11:50-52).

온 세상에 흩어져 있는 "하나님의 자녀"들이 있습니다. 이들은 곧 주님의 "양"입니다. 그들은 아버지께서 아들에게 주신 자들로, 언젠가는 예수님에게 불가항력적인 이끌림을 받게 될 것입니다. 예수님은 이 사람들을 하나의 양 무리로 모으기 위해 죽으셨습니다. 요한복음 10장 15-16절에서 예수님은 이 같이 말씀하십니다. "아버지께서 나를 아시고 내가 아버지를 아는 것 같으니 나는 양을 위하여 목숨을 버리노라 또 이 우리에 들지 아니한 다른 양들이 내게 있어 내가 인도하여야 할 터이니 그들도 내 음성을 듣고 한 무리가 되어 한 목자에게 있으리라." 요한복음 11장 52절의 "모으심"과 요한복음 10장 16절의 "인도하심"은 모두 하나님께서 행하시는 일입니다. 둘 다 그리스도의 십자가 안에서 하나님께서 이루고자 하신 일입니다. 의도된 목표입니다. 예수님은 단지 그 가능성을 불러일으키기 위해 죽으신 것이 아닙니다. 그리스도의 죽으심은 실제로 그 일을 실현했습니다.

요한은 온 하늘이 그리스도를 찬양하는 요한계시록 5장 9절을 통해 다시 한 번 그 사실에 대해 언급합니다. "그들이 새 노래를 불러 이르되 두루마리를 가지시고 그 인봉을 떼기에 합당하시도다 일찍이 죽임을 당하사 각 족속과 방언과 백성과 나라 가운데에서 사람들을 피로 사서 하나님께 드리시고." 요한복음 10장 16절과 같은 맥락으로, 요한은 그리스도의 죽음이 모든 사람을 대속했다고는 말하지 않습니다. 다만 세상 모든 나라 가운데에서 사람들을 대속하셨다(피로 사셨다)고 말합니다.

이것은 어떤 사람들이 제한 또는 한정 속죄의 교리를 반박

하기 위해 종종 사용하는 요한일서 2장 2절 같은 본문에 대한 우리의 독해 방식이기도 합니다. 여기서 요한은 요한복음 11장 52절과 매우 흡사한 의미로 이같이 언급합니다. "[그리스도]는 우리 죄를 위한 화목 제물이니 우리만 위할 뿐 아니요 온 세상의 죄를 위하심이라." 그 질문은 이렇습니다. 이 구절은 그리스도가 세상의 모든 사람을 위해 하나님의 진노를 달래시려고 죽으셨다는 의미인가?" 지금까지 우리가 요한의 여러 글에서 살펴본 바에 따르면, 해당 구절이 그런 의미일 가능성은 거의 없다고 하겠습니다. 요한복음 11장 51-52절과 요한일서 2장 2절 사이의 매우 긴밀한 문어적 유사성 때문에, 요한이 두 본문에서 동일한 의미를 의도했을 것이란 확신을 지우기는 어렵습니다.

> 예수께서 그 민족을 위하시고 또 그 민족만 위할 뿐 아니라 흩어진 하나님의 자녀를 모아 하나가 되게 하기 위하여 죽으실 것을 미리 말함이러라(요 11:51-52).

> 그는 우리 죄를 위한 화목 제물이니 우리만 위할 뿐 아니요 온 세상의 죄를 위하심이라(요일 2:2)

여기서 "온 세상"은 "[세상으로] 흩어진 하나님의 자녀"와 유사한 의미로 사용되고 있습니다. 따라서 요한일서 2장 2절에서 우리는, 하나님께서 '그리스도 안에서 행하신 화목 사역은 어떤 지역적 편협성도 띠지 않는다'는 사실을 요한이 특별히 강조하고 있다고 보는 것이 가장 자연스러운 해석입니다. 즉, 하나님께서는 마치 유대인 혹은 어느 특정 계층 및 인종에만 관심을 두고 계신다는 의미가 아니라는 말씀입니다. 그러므로 어떠한 집단이나 무리도, "그리스도는 오직 우리만의 죄를 위한 화목 제물입니다"라고 주장할 수 없습니다. 절대 그럴 수 없습니다. 그리스도의 사역, 그분의 죽음은 "온 세상"에서 주님께 속한 모든 자들을 모으기 위한 분명한 의도가 있습니다. "또 이 우리에 들지 아니한 [즉, 온 세상에 흩어진] 다른 양들이 내게 있어 내가 인도하여야 할 터이니 그들도 내 음성을 듣고 한 무리가 되어 한 목자에게 있으리라"(요 10:16). 그들은 그리스도께서 위하여 죽으신 그 "양"이고, 온 세상에서 구속함을 얻은 흩어진 "하나님의 자녀"이며, "각 족속과 방언과 백성과 나라 가운데에서" 그 피로 사신 바 된 사람들입니다.

많은 사람을 위한 대속물

요한계시록 5장 9절("각 족속과 방언과 백성과 나라 가운데에서 사람들을 피로 사서 하나님께 드리시고")과 같은 맥락으로, 예수님은 마가복음 10장 45절에서 이렇게 말씀하십니다. "인자가 온 것은 섬김을 받으려 함이 아니라 도리어 섬기려 하고 자기 목숨을 많은 사람의 대속물로 주려 함이니라." 요한계시록 5장 9절이 "각 족속… 가운데에서 사람들을 피로 사서"라고 표현하는 것처럼, 예수님은 자신을 "모든 사람의 대속물"로 말씀하지 않으시고 "많은 사람의 대속물"이라고 말씀하십니다. 저는 "많은"이란 표현 하나로 저의 주장을 완벽하게 입증할 수는 없다는 사실을 알고 있습니다. "많은"이란 표현이 문맥상 "모든"을 의미할 수 있는 가능성도 배제하지는 못합니다. 저는 단지 ("모든"이란 단어보다는) "많은"이란 단어가 이번 장에서 우리가 이미 살펴본 '제한' 또는 '한정'의 개념에 잘 부합하고 있음을 보여주고자 할 따름입니다.

이와 유사하게 마태복음 26장 28절에서, 예수님은 이렇게 말씀하십니다. "이것은 죄 사함을 얻게 하려고 '많은 사람을 위하여' 흘리는 바 나의 피 곧 언약의 피니라." 히브리서 9장 28절은 이렇게 말씀합니다. "이와 같이 그리스도도 '많은 사람의 죄를 담당하시려고' 단번에 드리신 바 되셨고 구원에 이르게 하기 위하여 죄와 상관 없이 자기를 바라는 자들에게 두 번째 나타나시리라." 이사야 53장 12절은 고난 받는 종에 대해, "그가 많은 사람의 죄를 담당하며"라고 말씀합니다.

교회를 위해 자신을 내주신 예수 그리스도

에베소서 5장 25-27절은 그리스도의 죽음 안에서 의도된 하나님의 구체적인 뜻을 분명히 드러내 주는 본문 가운데 하나입니다.

> 남편들아 아내 사랑하기를 그리스도께서 교회를 사랑하시고 그 교회를 위하여 자신을 주심 같이 하라 이는 곧 물로 씻어 말씀으로 깨끗하게 하사 거룩하게 하시고 자기 앞에 영광스러운 교회로 세우사 티나 주름 잡힌 것이나 이런 것들이 없이 거룩하고 흠이 없게 하려 하심이라.

여기서 바울은 그리스도의 죽음 안에서 하나님이 구원을 주시고자 하신 대상이자, 명백히 의도된 수혜자는 그리스도의 신부, 즉 교회라고 말합니다. 제한 속죄 또는 한정 구속의 교리에 대해 제 자신이 특히 열의를 품고 강조하고픈 이유 가운데 하나는, 자기 신부를 위해 그리스도가 죽기까지 하신 그 특별한 사랑에 교회가 마땅히 감동할 수 있길 간절히 바라기 때문입니다. 이것은 단순히 온 세상 전부를 끌어안으려는 보편적 사랑이 아닙니다. 그리스도의 이 사랑은 자기 신부를 구해 내려는 특심한 사랑입니다. 하나님께서는 그리스도에게 속한 자들이 누구인지를 이미 알고 계셨습니다. 그리고 그 아들의 신부를 데려오기 위해 친히 그 아들을 보내셨습니다.

> 주 예수 강림하사
> 피 흘려 샀으니
> 땅 위의 모든 교회
> 주님의 신부라[3]

이 희생에는 신부를 향한 한정적인 사랑이 있습니다. 그런데 안타깝게도 교회가 이 사실을 놓치고 있습니다. 하나님께서 그 아들의 피로 교회를 사셨을 때 특정한 사람들을 염두에 두시고 그렇게 행하셨다는 점에 우리가 주목하지 않으면 그 특별한 사랑을 놓칠 수밖에 없습니다. 저는 예전에 섬기던 교회에서 이렇게 말하곤 했습니다. "저는 우리 교회의 모든 여성들을 사랑합니다. 그러나 저는 저의 아내를 특별히 매우 사랑합니다." 저는 제가 모든 여성들을 사랑하고 아내 또한 여성이기 때문에 저의 사랑을 받는다는 식으로 아내가 생각하길 바라지 않습니다. 하나님과 이 세상 모든 사람과의 관계도

---

[3] Samuel J. Stone, "The Church's One Foundation", (http://www.hymnsite.com/ lyrics/umh545.sht) 〈교회의 참된 터는〉(찬송가)

이렇게 생각해 볼 수 있습니다. 모든 사람을 위한 하나님의 보편적 사랑이 존재합니다. 그러나 그리스도의 신부를 향한 하나님의 특별하고도 한정적인 사랑이 분명히 존재합니다. 예수 그리스도가 십자가에 달리셨을 때, 그 죽음에는 신부를 향한 특별한 목표가 있었습니다. 신랑이신 그리스도는 창세 전에 이미 신부를 알고 계셨고, 그래서 그 신부를 구하기 위해 죽으셨습니다.

로마서 8장 32절의 아름다운 약속

그리스도의 속죄 사역의 목적 및 대상 범위와 관련된 또 다른 중요한 본문은 로마서 8장 32절입니다. 이 말씀은 성경 전체에서 하나님의 백성을 위해 주어지는 가장 소중한 약속 가운데 하나라고 할 수 있습니다. 바울은 이렇게 말합니다. "자기 아들을 아끼지 아니하시고 우리 모든 사람을 위하여 내주신 이가 어찌 그 아들과 함께 모든 것을 우리에게 주시지 아니하겠느냐?" 이 물음에 대한 대답은 우리의 몫으로 남겨져 있습니다. 이 물음을 확고한 약속으로 바꾸어 이렇게 고백하지 않으시겠습니까? "하나님은 자기 아들을 아끼지 아니하시고 우리 모든 사람을 위하여 내주셨습니다. 그러므로 하나님은 반드시 그 아들과 함께 모든 것을 우리에게 주실 것을 확신합니다." 여기서 "우리"는 누구입니까? 바로 29-31절이 말하는 사람들입니다.

> 하나님이 미리 아신 자들을 또한 그 아들의 형상을 본받게 하기 위하여 미리 정하셨으니 이는 그로 많은 형제 중에서 맏아들이 되게 하려 하심이니라 또 미리 정하신 그들을 또한 부르시고 부르신 그들을 또한 의롭다 하시고 의롭다 하신 그들을 또한 영화롭게 하셨느니라 그런즉 이 일에 대하여 우리가 무슨 말 하리요 만일 하나님이 우리를 위하시면 누가 우리를 대적하리요.

32절에서 바울이 "우리"에게 이처럼 (하나님께서 틀림없이 그 이들과 함께 모든 것을 주실 것이란) 엄청난 약속이 이루어질 것을 확신하는 이유는 이 말씀을 듣는 대상인 "우리"가, 하나님께서 미리 아신 자들이고, 미리 예정하신 자들이고, 부르신 자들이고, 의롭다 하신 자들이기 때문입니다. "우리"는 주님의 "양"이고, "온 세상에 흩어져 있는 하나님의 자녀"입니다. 바로 그러한 우리에게, '그리스도의 죽음'은 우리가 그 아들과 더불어 모든 것을 받게 될 것이라는, 결코 흔들리지 않는 절대적이고 확실한 '보증'이라는 말씀을 하고 있습니다. 이것이 로마서 8장 32절에서 우리가 발견하는 경이로운 약속입니다.

하지만 만일, 그 모든 것을 받지 못하고 결국 멸망하게 될 수많은 사람들을 위해서도 하나님이 자기 아들을 주셨다면, 그 약속이 어떻게 되겠습니까? 로마서가 강조하는 그 약속의 논리는 무너지고 성립되지 못할 것입니다. 오히려 다음과 같이 될 것입니다. "만일 하나님께서 자기 아들을 아끼지 아니하시고 세상 모든 사람을 위하여 내주셨다면, 실제론 그들 가운데 많은 이들이 이미 멸망했기 때문에, 그들이 그 아들과 함께 모든 것을 받게 될 것이란 약속은 사실이 아닙니다." 그러나 로마서 8장 32절은 전혀 다르게 말하고 있습니다.

하나님께서 (창세 전부터 미리 아셨고 미리 정하신) 자기 백성을 위해 그 아들을 주셨기 때문에, 약속하신 모든 것을 또한 그들이 확실히 받을 것이라고 말씀합니다. 그러므로 하나님께서 그 아들을 내어주신 구속 사건에 담긴 의도는 온 세상을 향한 보편적인 제안이 아닙니다. 오직 하나님의 백성에게만 제공되는 무한히 풍성한 복에 관한 견고한 약속의 말씀입니다. 저의 간절한 소원은 하나님의 백성들이 이 사실을 직시하고 이러한 특별하고도 한정적인 구속의 놀라운 은혜 속으로 더 깊이 들어가는 것입니다. 우리는 특별히 그리스도의 속죄 안에서 하나님의 특심한 사랑을 받고 있습니다. 그것은 그저 보편적인 사랑이 아닙니다. 우리의 미래는 특별히 그리스도의 피로 안전하게 보장되어 있습니다.

이제 요약하고자 합니다. 제한 속죄와 관련한 성경의 요지는, 그리스도의 죽음 안에서 하나님께서는 그 택하신 자들을 위한 특별한 계획을 품으셨다는 것입니다. 하나님은 그들이 믿고 구원 받을 수 있는 하나의 가능성을 제안하신 것이 아니라, 구원에 필요한 그들의 믿음까지도 제공하십니다. 하나님께 속한 그 택하신 자들의 회심은 그리스도의 핏값으로 사신 바 된 것입니다. 하나님께 대한 우리의 죽은 상태, 우리의 끝없는 반역과 불순종의 상태는 결코 우리의 힘으로 극복되는 것이 아닙니다. 우리의 능력을 힘입어 그것을 이겨낸 결과로, 속죄 받을 수 있는 어떤 자격을 결정적으로 획득하게 되는 것이 아닙니다. 하나님께서 그분의 주권적 은혜의 능력으로 우리의 모든 죽음과 반역과 불순종의 상태를 압도적으로 제거하시는 것입니다. 그리스도의 죽음 안에서 바로 그러한 은혜가 우리를 위해 사신 바 되었습니다.

하나님의 은혜를 더 깊이 경험하기를 정말 원한다면, 이러한 진리야말로 우리가 흠뻑 빠져 온종일 유영할 만한 하나님의 은혜의 넓은 바다라고 하겠습니다. 하나님은 그 아들의 신부가 단지 온 세상에 보편적으로 미치는 그런 사랑으로 사랑 받는다고 느끼길 바라시는 게 아닙니다. 하나님은 세상이 존재하기 전부터 신부를 위해 예비된 그 특별한 사랑을 우리가 경험하고 맛보길 바라십니다. 하나님은 우리가 그분의 특정한 관심 대상으로 주목받고 있다는 사실을 깨닫고 경험하길 바라십니다. "내가 바로 너를 택했노라. 그리고 너를 얻기 위해 내 아들을 보내 죽게 했노라."

우리가 세상을 향해 외치는 복음이 바로 이것입니다. 우리는 그 특별한 사랑을 나 자신만을 위해 사재기하지 않습니다. 그러고 나선 "이제 우리가 이 세상에 줄 수 있는 것이라곤 온 세상을 향한 하나님의 보편적인 사랑 밖에는 없다"며 무심하게 말하지 않습니다. 결코 그렇지 않습니다. 우리는 다른 이들에게도 여전히 충만하고 완전한 한정적 속죄의 복음을 제시합니다. 그래서 우리는 예수 그리스도를 전합니다. "여기 당신에게 구원의 가능성을 열어줄 단서가 있습니다"라고 말하지 않습니다. 우리는 오직, "예수 그리스도께 나오십시오. 그리스도를 영접하십시오"라고 말합니다. 만일 그들이 진정 그리스도께로 나온다면 우리가 그들에게 장담할 수 있는 것은 그들도 그리스도와 연합하고 그분의 신부가 될 것이란 사실입니다. 그리스도께서 신부를 위해 핏값으로 사신 모든 것이 그들에게도 제공될 것입니다. 그리스도께서 확실하게 확보하신 모든 복이 마찬가지로 그들의 영원한 소유가 될 것입니다.

믿음은 그들 또한 그 택하신 자들 가운데 있다는 사실을 증명할 것입니다. 그들이 그리스도께로부터 나왔다는 사실이 그들 또한 이미 그리스도의 특정 구속, 한정 속죄의 특별한 수

혜자란 사실을 입증할 것입니다.

   하나님의 은혜에 대한 진리의 이러한 깊은 깨달음과 경험을 더 견고케 하기 위해, 우리는 이제 선택의 교리에 대해 살펴볼 것입니다. 예수 그리스도는 오직 그 택하신 자들을 위해 영원한 사랑의 그 측량할 수 없는 은혜로 죽으셨습니다.

6장
무조건적 선택

만일 우리 모두가 전적으로 타락한 상태에 있고 따라서 하나님의 불가항력적 은혜로 거듭나지 않는 한 하나님께 나올 수 없다면, 그리고 만일 이 특정한 은혜가 그리스도의 십자가 죽음으로 사신 바 된 것이라면, 우리 모든 그리스도인의 구원은 하나님의 선택에 의거한 것이 분명합니다. 하나님께서는 그분의 불가항력적 은혜를 받게 될 자들을 택하셨고, 그들을 위해 그 은혜를 핏값으로 마련하셨습니다.

여기서 선택(election)이란, 구원 받을 사람을 하나님이 택하신다는 의미입니다. 하나님께서 누군가를 구원하고자 택하실 때, 그러한 선택을 받기 위해 사람 편에서 반드시 충족시켜야 할 어떤 조건이 전혀 없다는 점에서 그것은 무조건적 선택입니다. 사람은 죄와 허물로 이미 죽었습니다. 따라서 이미 죽어 있는 우리가, 하나님께서 우리를 죽음에서 구원하시기도 전에, 스스로 어떤 조건을 충족시킬 능력은 없습니다. 그러한 발상 자체가 어불성설입니다.

여기서 저는 우리의 '최종' 구원이 무조건적이라고 말하는 것은 분명 아닙니다. 그렇지는 않습니다. 예를 들면, 영생을 얻기 위해 우리는 반드시 예수 그리스도를 믿어야 한다는 조건을 갖춰야 합니다. 구원에는 반드시 믿음이라는 조건이 따릅니다. 물론 그 믿음조차 우리의 힘으로 획득하는 건 아닙니다.

하지만 하나님의 선택에는 (우리의 믿음 같은) 어떠한 조건도 필요하지 않습니다. 무조건적이라는 말입니다. 우리가 믿음을 갖기도 전에 하나님이 우리를 택하신다는 것입니다. 순서로만 치면 오히려 그 반대입니다. 하나님의 선택이 있고 나서야 우리는 믿음을 가질 수 있습니다. 하나님께서 창세전에 우리를 택하시고 십자가에서 그리스도의 핏값으로 우리의 구속을 사셨기 때문에, 그리고 불가항력적 은혜를 통해 우리에게 영적인 생명을 부어주셔서 거듭나게 하시고, 우리를 믿음으로 이끄셨기 때문에 우리가 믿게 되는 것입니다.

믿음보다 먼저 일어난 선택

사도행전 13장 48절은 바울이 비시디아 안디옥에서 복음을 전했을 때 이방인들이 어떻게 반응했는지 기록하고 있습니다. "이방인들이 듣고 기뻐하여 하나님의 말씀을 찬송하며 '영생을 주시기로 작정된 자는 다 믿더라.'" 주목해 보십시오. 그들이 믿는 순간, 그들 모두 영생을 얻도록 택하여졌다고 말하지 않습니다. 영생을 주시기로 작정된 자(즉, 하나님께서 택하신 자)는 다 믿었다고 말합니다. 하나님의 선택이 믿음보다 선행하며 그 믿음을 가능하게 만들고 있습니다. 누군가는 믿고 다른 누군가는 믿지 않는 결정적인 이유가 바로 여기에 있습니다.

예수님도 요한복음 10장 26절에서 유대인들에게 이같이 말씀하십니다. "너희가 내 양이 아니므로 믿지 아니하는도다." 다시 한 번 주목해 보십시오. 주님은, "너희가 믿지 아니하니 내 양이 아니다"라고 말씀하지 않으십니다. 누가 예수님의 양인지에 관한 문제는 우리가 믿기도 전에 하나님께서 정하시는 일입니다. 하나님의 택하심이 우리 믿음의 초석이 되고 우리의 믿음을 가능하게 하는 것입니다. "너희가 내 양이 아니므로 믿지 아니하는도다." 우리는 하나님의 택하신 양이기 때문에 예수 그리스도를 믿게 된 겁니다. 그 반대가 아닙니다(참고, 요 8:47; 18:37).

로마서 9장이 말하는 선택의 무조건성[1]

로마서 9장에서 바울은 선택의 무조건성을 강조하고 있습니다. 11-12절에서 바울은 하나님께서 에서가 아닌 야곱을 택하실 때 드러난 원리에 대해 설명합니다. "그 자식들이 아직 나지도 아니하고 무슨 선이나 악을 행하지 아니한 때에 택하심을 따라 되는 하나님의 뜻이 행위로 말미암지 않고 오직 부르시는 이로 말미암아 서게 하려 하사 리브가에게 이르시되 큰 자가 어린 자를 섬기리라 하셨나니." 하나님의 선택은 우리가 태어나기도 전에, 또는 우리가 어떤 선이나 악을 행하기도 전에 이루어지기 때문에, 그 선택은 반드시 무조건적인 특성을 지닐 수밖에 없습니다.

저는 로마서 9장이 '개인'의 '영원한' 운명을 결정짓는 하나님의 선택과는 무관하다는 주장에 대해 익히 알고 있습니다. 그렇게 주장하는 사람들은 로마서 9장의 내용이 이스라엘이라는 특정 민족이 역사에 등장하게 된 배경과 그 역할에만 국한하여 언급할 뿐이라고 말합니다. 저는 이러한 해석에 오류

---

1 로마서 9장은 무조건적 선택의 교리에 매우 중요한 기반이기 때문에, 필자는 롬 9:1-23을 책 한 권에 걸쳐 논의했다. John Piper, *The Justification of God: An Exegetical and Theological Study of Romans 9:1-23* (Grand Rapids: Baker Academic, 1993). 『하나님은 의로우신가?』 지평서원 역간.

가 있다고 생각합니다. 간단히 말해, 그런 주장은 바울이 본문에서 제기하는 사안과 조화를 이루지 못하기 때문입니다. 여러분도 로마서 9장의 첫 다섯 구절을 읽으면 이를 쉽게 눈치챌 수 있습니다. 이어서 바울이 로마서 9장 6절에서, "그러나 하나님의 말씀이 폐하여진(has failed) 것 같지 않도다"라고 말하는데, 이를 미루어보면 이 당시에 마치 하나님의 약속의 말씀이 실패한 것처럼 보이게 만드는 무언가가 있었다는 것입니다. 그것은 무엇입니까?

바울은 2절과 3절에서 그것에 대해 이야기합니다. "나에게 큰 근심이 있는 것과 마음에 그치지 않는 고통이 있는 것을 내 양심이 성령 안에서 나와 더불어 증언하노니 나의 형제 곧 골육의 친척을 위하여 내 자신이 저주를 받아 그리스도에게서 끊어질지라도 원하는 바로라." 바울이 제기하고 있는 사안의 핵심은 이스라엘이 한 민족으로서 맡고 있는 역할 및 역사적 배경과는 관련이 없습니다. 오히려 그는 이스라엘 민족이라는 자부심을 가진 개개인들이 실상은 저주를 받아 그리스도에게서 끊어졌다는 사실에 대해 말하고 있습니다. 즉 자신과 같은 형제들의 영원한 운명이 위기에 처했다는 것입니다.

바울이 펼치는 논리를 보면 이것이 더욱 분명해집니다. 하나님의 말씀이 폐하여진 것이 아님을 입증하기 위해 바울이 맨먼저 하는 말이, "이스라엘에게서 난 그들이 다 이스라엘이 아니요"라는 것입니다(롬 9:6). (소위 하나님의 택하심을 받았다는 자부심을 가진) 이스라엘 백성으로 불리지만 정작 많은 사람들은 멸망할 것이며 그러므로 진정한 의미에서 이스라엘 백성이 아니라는 것입니다. 그런 후에 바울은 하나님의 무조건적 선택이 이스라엘 내에서 어떻게 작동했는지를 보여 주고 있습니다.[2]

바울은 하나님의 택하시는 은혜가 무조건적인 속성이 있다는 사실을 로마서 9장 15-16절에서 다시 한 번 강조합니다. "모세에게 이르시되 내가 긍휼히 여길 자를 긍휼히 여기고 불쌍히 여길 자를 불쌍히 여기리라 하셨으니 그런즉 원하는 자로 말미암음도 아니요 달음박질하는 자로 말미암음도 아니요 오직 긍휼히 여기시는 하나님으로 말미암음이니라." 우리에게는 하나님의 긍휼이 필요합니다. 그 긍휼하심에는 우리의 의지를 일깨우고 변화시키는 속성이 담겨 있기 때문입니다. 앞에서 우리는 하나님의 불가항력적 은혜와 우리의 전적 타락에 대해 살펴보았습니다. 우리는 나의 힘으로는 내가 먼저 하나님을 사랑할 수 없고, 나의 힘으로 하나님을 믿을 수 없으며, 나의 의지로 그리스도를 따를 수도 없다는 사실을 확인했습니다. 우리의 유일한 소망은 하나님의 주권적 자비하심, 그 불가항력

---

[2] 로마서 9장에 대한 이 같은 이해는 이 책 5장에서 자세히 설명한 바 있다.

적인 긍휼에 있습니다. 만일 그것이 사실이라면, 여기서 바울이 주장하는 논지 또한 이해될 수 있습니다. 우리에게는 하나님의 긍휼을 입을 만한 공로가 없으며, 긍휼을 이끌어낼 만한 어떠한 위치에 있지도 않습니다. 만일 우리가 하나님으로부터 긍휼히 여기심을 받는다면, 그것은 오직 하나님의 자유로운 택하심에 따른 결과입니다. 그것이 곧 바울의 요점입니다. "내가 긍휼히 여길 자를 긍휼히 여기고 불쌍히 여길 자를 불쌍히 여기리라."

로마서 11장 7절에서 바울은 다시 한 번 이스라엘 안에서 작동하는 하나님의 택하심의 속성을 강조합니다. 택하심을 받았다고 모두들 자부하는 이스라엘 민족 안에서 하나님은 자신의 주권적 의지에 따라 어떤 이들만을 개별적으로 택하셨다는 것입니다. "그런즉 어떠하냐 이스라엘이 구하는 그것을 얻지 못하고 오직 택하심을 입은 자가 얻었고 그 남은 자들은 우둔하여졌느니라." 이렇듯 로마서 9-11장 전반에 걸쳐 바울은 하나님의 택하심은 곧 개별적으로 주어지는 것이며, 그 선택이 그들의 영원한 운명을 결정하고, 또한 그 선택에는 무조건적인 속성이 있음을 말하고 있습니다. 물론 저는 하나님께서 이스라엘 민족 전체를 향해서도 언약에 따라 신실하게 행하신다는 사실을 부인하지 않습니다. 그렇다고 해도 로마서 9장에서 말하는 개인의 영원한 운명에 대한 논리와 모순되지 않습니다. 선택의 무조건성의 원리는 로마서 9장 11절에서 가장 명백히 나타나 있습니다. 하나님께서 그렇게 무조건적 방식으로 우리를 택하시는 뜻이 여기에 있습니다. "[그들이] 아직 나지도 아니하고 무슨 선이나 악을 행하지 아니한 때에 택하심을 따라 되는 하나님의 뜻이 행위로 말미암지 않고 오직 부르시는 이로 말미암아 서게 하려 하사."

무조건성에 대한 또 다른 강력한 진술

에베소서 1장 3-6절은 하나님께서 우리를 택하시고 자녀로 예정하신 것에 대해 말하는데, 이는 무조건성에 대한 또 하나의 강력한 진술입니다.

> 찬송하리로다 하나님 곧 우리 주 예수 그리스도의 아버지께서 그리스도 안에서 하늘에 속한 모든 신령한 복을 우리에게 주시되 곧 창세 전에 그리스도 안에서 우리를 택하사 우리로 사랑 안에서 그 앞에 거룩하고 흠이 없게 하시려고 그 기쁘신 뜻대로 우리를 예정하사 예수 그리스도로 말미암아 자기의 아들들이 되게 하셨으니 이는 그가 사랑하시는 자 안에서 우리에게 거저 주시는 바 그의 은혜의 영광을 찬송하게 하려는 것이라.

어떤 해석가들은 창세 전에 내려진 이 선택이 오직 그리스도에 대한 선택일 뿐이지 그리스도 안으로 실제로 들어가게 될 개인에 대한 선택은 아니라고 주장합니다. 그것은 곧 개인들을 구원하기로 한 무조건적인 선택 따위는 없다고 말하는 것과 마찬가지입니다. 여기서는 그리스도만이 하나님의 택하심을 받은 것으로 제시될 뿐이고, 개인들의 구원은 그들 각자가 자신의 타락을 능동적으로 이겨내고 믿음으로 그리스도와 연합하는 것에 달렸다는 것입니다. 하나님께서 애초에 그들을 택하신 것이 아니니, 따라서 하나님께서 효과적으로 그들을 회심시키실 수도 없다는 것입니다. 하나님은 단지 죄를 깨닫게 하실 뿐이며, 각자가 자신의 죽음에서 스스로를 소생시켜 하나님을 택할 수 있도록, 스스로 결정적인 반응을 보일 자가 누구인지는 결국 기다려봐야 한다는 논리입니다.

그러나 이러한 해석은, "모든 일을 그의 뜻의 결정대로 일하시는 이의 계획을 따라' 우리가 예정을 입어 그 안에서 기업이 되었으니"라고 선언하는 1장 11절 말씀과 어울리지 않습니다. 게다가 그것은 4절의 표현과도 들어맞지 않습니다. 4절의 "택하사"라는 단어는 일반적으로 한 무리(집단) 가운데서 골라내거나 선택하는 것을 의미합니다(참고, 눅 6:13; 14:7; 요 13:18; 15:16, 19). 따라서 4절의 본래 의미는 하나님께서 세상을 창조하시기도 전에 모든 인류 가운데서 자기 백성을 선택하셨다는 것입니다. 하나님은 창세 전부터 구속자 그리스도와의 관계 속에서 그들을 보셨던 것입니다. 이것이 이 구절을 읽는 가장 자연스러운 해석입니다.

실제로 모든 선택은 그리스도와 관련된 것이 맞습니다. 창세 전부터 하나님의 마음에는 십자가에 못 박힌 그리스도가 이미 있었습니다(계 13:8). 만일 하나님의 마음에 그리스도가 죄의 대속을 위해 죽는 것이 미리 정해져 있지 않았다면, 하나님께서 죄인들을 구원하기로 선택하시는 일도 없었을 것입니다. 그런 의미에서 그들은 '그리스도 안에서' 선택된 사람들입니다. 하지만 세상 가운데서 그리스도 안에 들어오도록 '택하심'을 받은 당사자는 바로 '그들'입니다.

또한 5절에서의 표현도 하나님께서 사람들을 택하심으로 그들이 그리스도 안에 있게 된 것을 말하지, 단지 그리스도만을 택하셨음을 말하지 않습니다. 이것을 글자 그대로 해석하면, "예수 그리스도를 통하여 우리를 예정하사 아들이 되게 하셨으니"가 됩니다. 그리스도가 아니라 우리가 예정된 자들입니다. 그리스도는 죄인들을 선택하고 예정하고 자녀로 삼는 일이 가능해지도록 하시는 분입니다. 따라서 우리가 택함받은 것은 오직 "그리스도로 말미암아" 된 것이 맞습니다. 그러나 하나님께서 오직 그리스도만 선택의 대상으로 보셨다는 말은 본문에 없습니다. 우리 그리스도인이 믿음으로 나오게 되고, 그리스도와 연합하게 되고, 그리스도의 피로 덮이게 되는 이유는 우리가 창세 전에 이미 그 거룩한 운명으로 선택을 받았기 때문입니다.

무조건적 선택을 언급하는 가장 중요한 본문

아마도 무조건적 선택의 교리와 관련해서 가장 중요한 본문은 로마서 8장 28-33절일 것입니다.

> 우리가 알거니와 하나님을 사랑하는 자 곧 그의 뜻대로 부르심을 입은 자들에게는 모든 것이 합력하여 선을 이루느니라 하나님이 미리 아신 자들을 또한 그 아들의 형상을 본받게 하기 위하여 미리 정하셨으니 이는 그로 많은 형제 중에서 맏아들이 되게 하려 하심이니라 또 미리 정하신 그들을 또한 부르시고 부르신 그들을 또한 의롭다 하시고 의롭다 하신 그들을 또한 영화롭게 하셨느니라 그런즉 이 일에 대하여 우리가 무슨 말 하리요 만일 하나님이 우리를 위하시면 누가 우리를 대적하리요 자기 아들을 아끼지 아니하시고 우리 모든 사람을 위하여 내주신 이가 어찌 그 아들과 함께 모든 것을 우리에게 주시지 아니하겠느냐 누가 능히 하나님께서 택하신 자들을 고발하리요 의롭다 하신 이는 하나님이시니.

이 본문은 "하나님이 '미리 아신'(foreknew) 자들을 또한… 미리 정하셨으니"라는 29절의 표현 때문에 간혹 무조건적 선택 교리에 대한 반대 논거로 사용됩니다. 어떤 이들은 이 표현을 근거로, 사람들이 무조건적으로 선택되는 것이 아니라고 주장합니다. 그러니까 사람들은 하나님께 '미리 알려진'(foreknown) 그들의 믿음에 근거해 선택받는다는 것입니다. 그렇다면 그들은 불가항력적 은혜의 도움 없이 그들 스스로 믿음을 창출해 냈고, 하나님께서는 그것을 미리 아셨을 뿐이라는 얘기입니다.

그러나 이러한 주장은 바울이 전개하는 논지와 맞지 않습니다. 로마서 8장 30절을 주의해서 읽어 보시기 바랍니다. "또 미리 정하신 그들을 또한 부르시고 부르신 그들을 또한 의롭다 하시고 의롭다 하신 그들을 또한 영화롭게 하셨느니라." 하나님께서 그 부르신 자들을 또한 의롭게 하신다는 말씀에 잠시 주목해 보겠습니다.

30절의 이 부르심은 모든 사람에게 주어지는 부르심이 아닙니다. 우리가 이 사실을 알 수 있는 이유는 그 부르심을 받은 자는 '모두' 의롭다 하심을 받는다는 점 때문입니다. 부르심을 받는 것과 의롭다 하심을 받는 것 사이에는 확실히 어떤 연관성이 있습니다. "부르신 그들을 또한 의롭다 하시고." 하지만 모든 사람이 하나님으로부터 의롭다 하심(칭의)을 받지 않는 것이 현실입니다. 그러므로 모든 사람이 그 부르심을 입은 것이 아닙니다. 따라서 30절의 부르심은 설교자가 권하는 회개의 부르심이 아닙니다. 또는 하나님께서 대자연의 감동을 통해 주시는 일반적인 부르심도 아닙니다. 그런 종류의 부르심은 모든 사람이 받을 수 있습니다. 하지만 30절의 이 부르심은 그 아들의 형상을 본받게 하기 위해 하나님께서 특별히 예정하신 자들에게만 주시는 부르심입니다(29절). 그래서 이 부르심은 필연적으로 칭의로 이어지게 되는 것입니다. "부르신 그들을 또한 의롭다 하시고."

우리는 칭의가 오직 믿음을 통해서만 이루어지는 것을 알고 있습니다. "그러므로 사람이 '의롭다 하심을 얻는 것'은 율법의 행위에 있지 않고 '믿음으로 되는 줄' 우리가 인정하노라"(롬 3:28; 참고 5:1). 그렇다면 예정된 모든 사람에게 주어지고, 결과적으로 의롭다 하심을 받게끔 하는 이 부르심은 과연 무엇입니까? 우리는 불가항력적 은혜에 대한 4장의 논의에서 이미 그것을 살펴보았습니다. 그것은 다름 아닌 고린도전서 1장 23-24절의 그 부르심인 것입니다. "우리는 십자가에 못 박힌 그리스도를 전하니 유대인에게는 거리끼는 것이요 이방인에게는 미련한 것이로되 '오직 부르심을 받은 자들에게는' 유대인이나 헬라인이나 그리스도는 하나님의 능력이요 하나님의 지혜니라." 다르게 표현하면, 그 '부르심'이란 것은 설교 자체를 가리키는 것이 결코 아닙니다. 설교는 유대인과 이방인을 포함한 모든 사람에게 전달되기 때문입니다. 하지만 그 부르심은 설교를 통해, 그것을 듣는 사람들의 마음속에서 일어나는 어떤 현상입니다. 그것은 죽음 가운데 잠자던 그들을 깨우치고, 십자가에 대한 그들의 편협한 생각에 변화를 가져와 그리스도의 십자가를 하나님의 지혜와 능력으로 받아들이게 합니다. 다른 말로 하면, 로마서 8장 30절의 이 '부르심'은 우리 안에서 믿음을 창조해 내시는 하나님의 불가항력적 은혜인 것입니다.

이제 로마서 8장 30절에서 바울이 전개하는 사고의 흐름을 다시 한 번 주목해 보십시오. "또 미리 정하신 그들을 또한 부르시고 부르신 그들을 또한 의롭다 하시고 의롭다 하신 그들을 또한 영화롭게 하셨느니라." 하나님의 예정하심과 의롭다 하심 사이에 부르심이 있습니다. 우리가 의롭다 여김을 받는 것은 반드시 믿음으로 말미암는 것이므로, 여기서 말하는 부르심이란 결국 우리 안에서 믿음을 발생하게 하시는 하나님의 역사하심 외에 다른 무엇일 수가 없습니다. 그러한 부르심은 항상 우리의 칭의로 귀결되기 때문에("부르신 그들을 또한 의롭다 하시고"), 그것은 분명 주권적인 역사일 수밖에 없습니다. 즉, 그 부르심은 우리 구원의 모든 과정 가운데 있을 수 있는 우리 자신의 어떠한 저항도 능히 극복해 내는 강력한 힘입니다. 결국 30절에서 사람에게 믿음을 갖게 하고 그 믿음으로 의롭다 하심을 얻게 하는 그 부르심은 하나님의 주권적 역사, 하나님의 주권적 능력인 것입니다.

그렇다면 이제 이러한 말씀이, 29절의 "미리 아신다"는 표현과 관련해 어떤 함의를 갖는지 주목해 보십시오. 바울이 29절에서, "미리 아신 자들을 또한… 미리 정하셨으니"라고 말할 때, 바울은 자신들의 자유 의지를 사용해 믿음으로 나올 사람들을 하나님이 미리 아셨다는 의미로 말한 것이 아닙니다. 마치 그 덕분에 하나님이 (다행히) 그들을 자녀로 예정하실 수 있었고, 이 모든 것이 그들 스스로 자발적인 믿음의 선택을 내린 결과라는 식으로 말한 것이 (비록 바울이 그렇게 의도한 것처럼 많은 이들이 해석하려 하지만) 결코 아닙니다. 이 말씀은 그런 의미일 수 없습니다. 우리가 30절에서 이미 살펴본 것처럼, 의롭다 하심을 받은 사람 안에 있는 그 믿음의 결정적인 발생 원인은 타락한 인간의 의지가 아니라 하나님의 주권적인 부르심에 있기 때문입니다.

하나님께서는 그분이 우리 안에 창조해 주시는 그 믿음과 상관없이 자기 스스로 믿음으로 나오는 사람들을 미리 알지 않으십니다. 그런 사람들은 없기 때문입니다. 그리스도를 믿는 사람은 (단 한 사람도 예외없이) 모두가 하나님의 주권적 은혜로 말미암아 믿음으로 "부르심을 입은" 자입니다. 하나님께서 영원 전부터 미래를 내다보시면서 그 택함 받은 자들의 믿음을 미리 아신다고 할 때, 하나님은 자신이 택하신 자들 안에 그 믿음을 창조하실 것까지 미리 아시는 것입니다. 하나님께서는 이미 죽어 있고 눈이 멀었으며 불순종 가운데 있는 죄인들을 위해 무조건적으로 그 일을 행하기로 영원 전부터 작정하셨습니다. 우리는 우리 스스로의 힘으로는 믿음의 아주 미세한 조각 하나라도 만들어낼 수 있는 상태가 아니었기 때문입니다.

그러므로 로마서 8장 29절의 "미리 아신다"는 표현은 하나님이 자신이 미리 정하신 뜻과 상관없이 미래에 일어날 수 있는 어떤 가능성을 인지하신다는 의미가 아닙니다. 오히려 하나님의 미리 아심은 다음과 같은 구약 본문에서 언급된 그분의 그 특별한 아심, 그 택하심을 의미합니다. 창세기 18장 19절("내가 그로 그 자식과 권속에게 명하여 여호와의 도를 지켜 의와 공도를 행하게 하려고 그를[아브라함을] '택하였나니'[문자적으로, '알았나니']"), 예레미야 1장 5절("내가 너를 모태에 짓기 전에 너를 '알았고' 네가 배에서 나오기 전에 너를 성별하였고 너를 여러 나라의 선지자로 세웠노라"), 아모스 3장 2절("내가 땅의 모든 족속 가운데 너희[이스라엘]만을 '알았나니'"). 물론 하나님은 이 세상의 모든 족속을 다 "아십니다." 그러나 이 표현은, '내가 오직 너, 이스라엘을 나의 소유로 택했노라'는 특별한 의미인 것입니다.

크랜필드는 로마서 8장 29절의 그 미리 아심에 대해 "한 사람을 특별히 아시고 선택하시는 하나님의 은혜"라고 말합니다. 그러한 하나님의 미리 아심은 사실상 그분의 택하심과 동일한 개념입니다. "하나님이 미리 아신 자들[즉, 택하신 자들]을 또한 그 아들의 형상을 본받게 하기 위하여 미리 정하셨으니."

그러므로 이 장엄한 본문(롬 8:28-33)이 우리에게 가르치는 바는 하나님께서 정말로 자기 백성을 위한 완전한 구속을 행하시되, 그 백성의 큰 구원을 그 시작부터 마지막까지 모두 이루신다는 것입니다. 하나님께서는 창세 전부터 자기 백성을 미리 아시고(즉, 택하시고), 그 백성을 하나님 아들의 형상을 본받도록 예정하시며, 그들을 믿음 안에서 하나님께로 나오도록 부르십니다. 그리고 오직 그 믿음을 통해 하나님께서는 그들을 의롭다 하시고, 결국에는 그들을 영화롭게 하십니다. 그리고 그리스도 예수 안에 있는 하나님의 영원한 사랑에서 그들을 끊을 수 있는 것은 아무 것도 없습니다(롬 8:39). 오직 하나님께 모든 찬송과 영광을 올려드립니다!

만일 우리가 "그리스도를 믿는다"고 고백한다면, 우리는 영원 전부터 하나님의 사랑을 받아온 사람입니다. 창세 전부터 하나님의 은총을 받은 당사자입니다. 도무지 어찌할 수 없는 상태에 놓인 우리를 하나님이 긍휼히 여기시고 택하셨습니다. 하나님이 우리를 무조건적으로 택하시고 자신의 소유로 삼으셨습니다. 그러므로 우리는 나의 택함 받은 것을 함부로 자랑할 수 없습니다. 그것은 무조건적 선택의 가치를 심각하게 훼손하는 행동입니다. 우리 스스로는 칭찬 받을 만한 아무 일도 행한 적이 없는데, 하나님께서 기꺼이 은총을 베푸셨습니다.

하나님께서 우리를 택하신 이유는 이스라엘을 택하셨을 때와 다를 바 없습니다. "여호와께서 너희를 기뻐하시고 너희를 택하심은 너희가 다른 민족보다 수효가 많기 때문이 아니니라 너희는 오히려 모든 민족 중에 가장 적으니라 여호와께서 다만 너희를 사랑하심으로 말미암아… 너희를… 속량하셨나니"(신 7:7-8). 주목해서 읽어 보시기 바랍니다. 하나님은 우리를 사랑하십니다. 그저 우리를 사랑하시기 때문입니다. 하나님은 영원 전부터 우리를 사랑하기로 선택하셨습니다. 그러므로 우리를 향한 하나님의 사랑은 그 시작도 없고 끝도 없습니다. 단지 우리가 이 책에서 배우는 것은, 하나님께서 자신에게 속한 사람들을 구원하시고 영원토록 즐거워하게 하기 위해, 그 영원한 사랑을 역사 속에서 실제로 어떻게 구현하셨는지에 대한 내용입니다. 하나님께서 우리를 그 놀라운 주권적 은혜 가운데로, 그 놀라운 사랑의 경험 속으로 더 깊이 인도하시길 소망합니다.

7장
성도의 견인

"하나님의 백성은 마지막까지 인내하고 절대 잃어버린 바 되지 않을 것"이라는 이번 장의 주제는 바로 앞장에서 우리가 살펴본 내용과 자연스럽게 연결됩니다. 하나님이 미리 아신 자들은 예정되었고, 예정된 자들은 부르심을 받고, 부르심을 받은 자들은 의롭다 하심을 받으며, 의롭다 하심을 받은 자들은 영광에 이르게 됩니다(롬 8:30). 중간에 낙오되는 사람은 없습니다. 일단 하나님의 백성에 속한 사람은 영원히 안전을 보장 받습니다.

하지만 성도의 견인 교리에는 그 이상의 내용이 담겨 있습니다. 성도는 그냥 저절로 인내하게 되는 것이 아닙니다. 성도는 '믿음' 안에서, 그리고 '그 믿음에서 비롯되는 순종'으로 반드시 인내하게 됩니다. 우리를 향한 하나님의 택하심은 무조건적인 속성이 있습니다. 우리가 무엇을 행하기도 전에, 우리가 무엇이 되기도 전에 하나님께서 우리를 택하셨습니다. 그러나 성도인 우리가 영광에 이르는 것(영화롭게 되는 것)은 그와는 다릅니다. 믿음으로 성도가 되었다고 해서, 그 이후로는 무위도식하며 손놓고 있다가 자신도 모르게 영광에 이르는 게 아닙니다. 우리는 예수 그리스도를 견고하게 붙들어야 합니다. 그렇게 하지 않는 자는 결국엔 잃어버린 바 될 수 있다는 경고가 성경에는 많습니다.

이 중요한 교리에 대해 차근차근히 살펴보고자 합니다.

1. 구원을 받는 자의 믿음은 반드시 끝까지 견뎌야 합니다.

이 말은, 믿음을 낳는 일에서 뿐 아니라 믿음을 지켜내는 일에서도 복음이 하나님의 도구로 사용된다는 의미입니다. 만일 누군가가 우리의 복음 전도로 그리스도에 대한 믿음을 고백했을 경우, 그 다음부터 우리는 그 사람을 향한 '인내'의 부르심에는 더 이상 신경쓰지 않는다는 듯 행동해선 안 됩니다. 마치 이제는 그 사람이 더 이상 마귀의 손이 닿지 않을 곳에 있다고 확신하듯이 말입니다. 믿음은 곧 선한 싸움입니다. 믿음을 지켜내는 일은 힘써 분투해야 하는 싸움입니다. 그러므로 택함 받은 자들은 반드시 인내의 싸움을 벌이게 되어 있습니다. 그리고 그들은 하나님의 주권적 은혜의 능력으로 그 싸움에서 반드시 승리하게 될 것입니다. 우리는 구원 받은 자로서 믿음으로 끝까지 인내해야 합니다.

고린도전서 15장 1-2절에서 바울은 인내의 필요성을 보여 주고 있습니다. "형제자매 여러분, 내가 여러분에게 전한 복음을 일깨워 드립니다. 여러분은 그 복음을 전해 받았으며, 또한 그 안에 서 있습니다. 내가 여러분에게 복음으로 전해 드린 말씀을 '헛되이 믿지 않고, 그것을 굳게 잡고 있으면,' 그 복음을 통하여 여러분도 구원을 얻을 것입니다"(새번역). "그것을 굳게 잡고 있으면"이라는 표현은 그리스도인으로서의 삶이 시작부터 잘못되는 경우가 있음을 말해 줍니다. 예수님도 씨 뿌리는 비유에서 이러한 위험에 대해 경고하십니다.

> 돌밭에 뿌려졌다는 것은 말씀을 듣고 즉시 기쁨으로 받되 그 속에 뿌리가 없어 잠시 견디다가 말씀으로 말미암아 환난이나 박해가 일어날 때에는 곧 넘어지는 자요 가시떨기에 뿌려졌다는 것은 말씀을 들으나 세상의 염려와 재물의 유혹에 말씀이 막혀 결실하지 못하는 자요(마 13:20-22).

다른 말로 하면, 바울이 고린도전서 15장 2절에서 표현한 대로, '헛되이 믿는 일' 즉 헛된 믿음이 있다는 것입니다. 그것은 거짓 믿음을 의미하며, 하나님의 영광을 사모하거나 자신의 죄를 미워한 결과로 그리스도께 나오는 것이 아닌, 그 밖에 (자기 이익을 바라는) 다른 이유들로 그리스도께 나오는 것입니다. 바울에 따르면, 나의 믿음이 참된 믿음인지 거짓 믿음인지를 확인하려면 내가 과연 '(복음으로 전해진) 그 말씀을 굳게 붙잡고 있는지' 여부를 보면 알 수 있습니다. 믿음으로 인내하는 삶이 믿음의 참, 거짓을 분별하는 기준입니다.

이와 유사하게, 바울은 골로새서 1장 21-23절에서 이렇게 말합니다. "전에 악한 행실로 멀리 떠나 마음으로 원수가 되었던 너희를 이제는 그의 육체의 죽음으로 말미암아 화목하게 하사 너희를 거룩하고 흠 없고 책망할 것이 없는 자로 그 앞에 세우고자 하셨으니. '만일 너희가 믿음에 거하고 터 위에 굳게 서서' 너희 들은 바 복음의 소망에서 흔들리지 아니하면 그리하리라 이 복음은 천하 만민에게 전파된 바요 나 바울은 이 복음의 일꾼이 되었노라."

바울은 디모데후서 2장 11-12절에서도 이렇게 말합니다. "미쁘다 이 말이여 우리가 주와 함께 죽었으면 또한 함께 살 것이요 '참으면 또한 함께 왕 노릇 할 것이요' 우리가 주를 부인하면 주도 우리를 부인하실 것이라."

바울의 이러한 권면은 예수님의 가르침과도 일치합니다. 예수님은 마가복음 13장 13절에서 이렇게 선포하십니다. "끝까지 견디는 자는 구원을 받으리라." 부활 승천하신 예수님은 요한계시록에서 교회들을 향해 이렇게 말씀하십니다. "이기는 그에게는 내가 하나님의 낙원에 있는 생명나무의 열매를 주어 먹게 하리라"(계 2:7). "네가 죽도록 충성하라 그리하면 내가 생명의 관을 네게 주리라"(계 2:10; 참고, 2:17, 25-26; 3:5, 11-12, 21). 이것이 우리에게 인내가 필요하다는 것의 의미입니다. 우리는 반드시 믿음으로 인내해야 합니다.

하지만 여기서 분명히 해둘 게 있습니다. 믿음 안에서 인내한다고 해서 그것이 참된 그리스도인은 의심이나 영적으로 어두운 시간을 전혀 겪지 않는다는 의미는 아닙니다. 하나님의 약속과 선하심에 대해 회의하는 모습을 전혀 보이지 않는다는 것이 아닙니다. "내가 믿나이다 나의 믿음 없는 것을 도와주소서!"(막 9:24)는 모순적인 기도가 아닙니다. 우리 안에는 불신앙적 요소들이 참된 믿음과 더불어 공존할 수 있습니다.

그러므로 믿는다는 것은 끝까지 견디는 것이라고 정의할 때 그 의미는, 우리가 결코 되돌릴 수 없을 만큼 마음이 완고해져서 그리스도를 철저히 부인하는 데까지 이르지 않는 것을 말합니다. 만에 하나 그런 경우라면, 우리 스스로 돌이킬 수 없게 될 뿐 아니라, 지금까지 고백했던 믿음 또한 모두 위선과 거짓이었음을 스스로 증명하게 되는 것입니다. 우리는 에서에게서 그러한 완고한 마음의 사례를 볼 수 있습니다.

> 너희는 하나님의 은혜에 이르지 못하는 자가 없도록 하고… 더럽게 되지 않게 하며 음행하는 자와 혹 한 그릇 음식을 위하여 장자의 명분을 판 에서와 같이 망령된 자가 없도록 살피라 너희가 아는 바와 같이 그가 그 후에 축복을 이어받으려고 눈물을 흘리며 구하되 버린 바가 되어 회개할 기회를 얻지 못하였느니라(히 12:15-17).

에서는 이 세상을 너무 사랑한 나머지 영적으로 매우 완고하고 강퍅해져서, 회개하고자 해도 회개할 수 없는 지경에까지 이르렀습니다. 에서는 자신의 어리석음이 빚은 결과에 눈물을 흘렸을 뿐, 자신의 추한 죄나 (하나님이 함께하실 장자권보다 죽 한 그릇에 마음이 빼앗겨서) 하나님을 모독한 죄 때문에 애통해 하지는 않았습니다.

한편 신약 성경이 우리에게 애써 단언하는 사실 하나가 있습니다. 만일 성도인 우리가 죄 가운데 빠져 타락하거나 엇나가는 길에 있더라도 그것이 결코 돌아오지 못할 일방통행로가 아니라는 것입니다. 그러니 절망해선 안 된다고 말입니다. 다시금 회개하고 돌이킬 수 있습니다. 우리의 그러한 방황과 돌이킴까지도 "성도의 견인"에 모두 포함되는 것입니다.

이와 관련해, 야고보는 우리에게 이렇게 말합니다. "너희가 알 것은 죄인을 미혹된 길에서 돌아서게 하는 자가 그의 영혼을 사망에서 구원할 것이며 허다한 죄를 덮을 것임이라"(약 5:20). 또한 요한은 이렇게 말합니다. "누구든지 형제가 사망에 이르지 아니하는 죄 범하는 것을 보거든 구하라 그리하면 사망에 이르지 아니하는 범죄자들을 위하여 그에게 생명을 주시리라 사망에 이르는 죄가 있으니… 모든 불의가 죄로되 사망에 이르지 아니하는 죄도 있도다"(요일 5:16-17).

여기서 요한의 의도는 자신의 문제로 절망에 빠질 수 있는 사람들에게, 그리고 그들을 사랑하고 위하여 기도하려는 자들에게 소망을 주려는 것이 분명합니다. 요한이 편지의 말미에서 강조한 이 주제는 편지 서두에도 나옵니다. "만일 우리가 죄가 없다고 말하면 스스로 속이고 또 진리가 우리 속에 있지 아니할 것이요 만일 우리가 우리 죄를 자백하면 그는 미쁘시고 의로우사 우리 죄를 사하시며 우리를 모든 불의에서 깨끗하게 하실 것이요"(요일 1:8-9).

그러므로 우리가 인내의 필요성에 대해 말할 때, 그것은 우리가 완벽함을 추구한다는 의미가 아닙니다. 신자인 우리 안에 갈등하며 씨름하는 것이나 심각한 수준의 의심이 전혀 없다는 뜻이 아닙니다. 지금까지 이 책에서 살펴본 내용을 기억하고 있다면, 우리가 예수 그리스도께 속한다는 것은 하나님께서 주권적으로 일으키시고 전적으로 하나님께서 주관하시는 초자연적 실재임을 고백할 수 있습니다(렘 32:40).

그러므로 성도의 성도됨을 가장 깊이 규정하는 특징은 '우리가 무엇을 행했는가'에 있는 것이 아니라 '우리가 누구인가'에 있습니다. 성도는 하나님의 전적인 은혜로 거듭난 사람입니다. 성도는 하나님의 은혜로 태어난 새로운 피조물입니다. 우리가 어떤 행위를 통해 이 새로운 생명으로 들어갔다 나왔다 할 수 있는 것이 아닙니다. 이 생명은 하나님의 전적인 역사입니다. 누구도 돌이킬 수 없는 사건입니다. 그러나 우리가 믿음 안에서, 그리고 순종으로 얻게 되는 열매는 끝까지 견뎌내는 싸움입니다. 인내하는 성도는 이렇게 말할 것입니다. "나는 끝까지 싸우며 결코 지지 않으리라."

2. 내적 갱신의 증거인 우리의 순종이 최종 구원에 필연적으로 따릅니다.

이 말은 하나님께서 우리에게 완벽을 요구하신다는 의미가 아닙니다. 빌립보서 3장 12절에서 볼 수 있듯이, 신약 성경은 예수 그리스도 안에서 믿음으로 의롭다 하심을 입은 자들에 대해 그들의 최종적인 구원을 위해 죄 없는 완벽한 상대를 요구하지 않습니다. "내가 이미 얻었다 함도 아니요 온전히 이루었다 함도 아니라 오직 내가 그리스도 예수께 잡힌 바 된 그것을 잡으려고 달려가노라"(참고, 요일 1:8-10, 마 6:12). 다만 신약성경은 우리의 도덕적 변화를 기대하고, 우리가 새로운 삶의 길로 걸어가길 요구합니다. 예를 들면 다음과 같습니다.

- 모든 사람과 더불어 화평함과 거룩함을 따르라 이것이 없이는 아무도 주를 보지 못하리라(히 12:14).
- 너희가 육신대로 살면 반드시 죽을 것이로되 영으로써 몸의 행실을 죽이면 살리니(롬 8:13).
- 육체의 일은 분명하니 곧 음행과 더러운 것과 호색과 우상 숭배와 주술과 원수 맺는 것과 분쟁과 시기와 분냄과 당 짓는 것과 분열함과 이단과 투기와 술 취함과 방탕함과 또 그와 같은 것들이라 전에 너희에게 경계한 것 같이 경계하노니 이런 일을 하는 자들은 하나님의 나라를 유업으로 받지 못할 것이요(갈 5:19-21. 참고, 엡 5:5, 고전 6:10).
- 우리가 그의 계명을 지키면 이로써 우리가 그를 아는 줄로 알 것이요 그를 아노라 하고 그의 계명을 지키지 아니하는 자는 거짓말하는 자요 진리가 그 속에 있지 아니하되 누구든지 그의 말씀을 지키는 자는 하나님의 사랑이 참으로 그 속에서 온전하게 되었나니 이로써 우리가 그의 안에 있는 줄을 아노라

그의 안에 산다고 하는 자는 그가 행하시는 대로 자기도 행할지니라(요일 2:3-6. 참고, 요일 3:4-10, 14; 4:20).

- 그러므로 예수께서 자기를 믿은 유대인들에게 이르시되 너희가 내 말에 거하면 참으로 내 제자가 되고(요 8:31. 참고, 눅 10:28; 마 6:14-15; 18:35; 창 18:19; 22:16-17; 26:4-5; 딤후 2:19).

다시 말하지만, 혹여라도 우리가 이러한 본문들을 완벽주의적 지침으로 받아들이지 않도록 경계해야 합니다. 특별히 요한일서는 우리가 성경적으로 균형을 잡는 데 유익한 말씀입니다. 한편으로 요한은 그의 서신에서 이렇게 말합니다. "하나님께로부터 난 자마다 죄를 짓지 아니하나니 이는 하나님의 씨가 그의 속에 거함이요 그도 범죄하지 못하는 것은 하나님께로부터 났음이라"(요일 3:9). 그러나 또 한편으로는 이렇게 말합니다. "만일 우리가 죄가 없다['없었다'가 아닌 '없다'라는 현재 시제임을 주목하십시오!]고 말하면 스스로 속이고 또 진리가 우리 속에 있지 아니할 것이요"(요일 1:8). 이렇게도 말합니다. "나의 자녀들아 내가 이것을 너희에게 씀은 너희로 죄를 범하지 않게 하려 함이라 만일 누가 죄를 범하여도 아버지 앞에서 우리에게 대언자가 있으니 곧 의로우신 예수 그리스도시라"(요일 2:1).

성도의 견인은 우리의 완벽함을 보장한다는 교리가 아닙니다. 오히려 우리가 (자신의 죄를 미워하고 더 이상 죄와 타협하지 않겠다는) 믿음의 선한 싸움을 벌일 때 하나님께서 끝까지 우리를 붙들어 주신다는 진리를 전합니다.

3. 하나님의 택하신 자녀는 결코 구원을 잃어버리지 않습니다.

이것은 우리가 영원한 안전, 즉 택하심 받은 자들의 영원한 안전을 믿는 이유입니다. 이것이 함의하는 바는 하나님께서 우리 안에서 계속 일하신다는 것입니다. 그리하여 하나님께서 영원한 구원으로 한번 택하신 자들은 그분으로 말미암아 마지막까지 믿음으로 인내하게 되고, 또한 성령의 능력을 힘입어 새로운 삶의 요구들을 충족시키게 될 것입니다.

앞서 우리는 절대로 끊어지지 않고 계속 이어지는 (하나님이 행하시는) 구원의 황금사슬을 보았습니다. 바울은 로마서 8장 30절에서 이렇게 선언합니다. "또 미리 정하신 그들을 또한 부르시고 부르신 그들을 또한 의롭다 하시고 의롭다 하신 그들을 또한 영화롭게 하셨느니라." 이 말씀에서 명백하게 알 수 있는 것은 구원의 소망으로 효과적인 부르심을 입은 사람들은 정말로 마지막까지 견딜 뿐만 아니라 영화롭게 될 것이란 사실입니다. 연쇄적으로 일어나는 이 구원의 여러 과정 가운데 낙오자는 발생하지 않습니다. 그것은 태초부터 단행된 무조건적 선택에 근거한 하나님의 약속이며, 우리를 회심하게 하고 보전하시는 하나님의 주권적 은혜에 기반하기 때문입니다. 하나님의 구원 사역은 절대 실패할 수 없고, 새 언약에 대한 하나님의 헌신 또한 번복될 수 없습니다.

바울의 선언은 이번에도 주님의 가르침과 일치합니다.

> 내 양은 내 음성을 들으며 나는 그들을 알며 그들은 나를 따르느니라 내가 그들에게 영생을 주노니 영원히 멸망하지 아니할 것이요 또 그들을 내 손에서 빼앗을 자가 없느니라 그들을 주신 내 아버지는 만물보다 크시매 아무도 아버지 손에서 빼앗을 수 없느니라 나와 아버지는 하나이니라(요 10:27-30; 참고, 엡 1:4-5).

우리가 이미 살펴 보았듯이 예수님의 양이 되는 것은 하나님의 택하심을 받고 그 아들의 소유가 되는 것을 의미합니다. 그러므로, 자신의 양 한 마리도 잃지 않겠다는 예수님의 약속은, 자기 생명을 버리기까지 사랑하신 그 택하신 자들의 믿음을 끝까지 보전하시겠다는 성자 하나님의 주권적 맹세인 것입니다.

4. 유혹에 넘어지는 신자들이 있을 수 있지만, 그런 상태가 지속된다면 그 믿음은 처음부터 참된 믿음이 아니었으며 그들이 하나님으로부터 난 자들이 아니라는 것을 보여줍니다.

요한일서 2장 19절은 이렇게 말씀합니다. "그들이 우리에게서 나갔으나 우리에게 속하지 아니하였나니 만일 우리에게 속하였더라면 우리와 함께 거하였으려니와 그들이 나간 것은 다 우리에게 속하지 아니함을 나타내려 함이니라." 이와 유사하게, 누가복음 8장 9-14절은 네 가지 밭의 비유를 통해, "말씀을 들을 때에 기쁨으로 받으나 뿌리가 없어 잠깐 믿다가 시련을 당할 때에 배반하는" 사람들에 대해 묘사합니다.

그러한 일이 가능하다는 사실 자체가, 모든 지역 교회의 복음 사역에 무엇이 절대적으로 필요한지를 말해 주고 있습니다. 교회는 성도들이 믿음 안에서 인내할 수 있도록 그들에게 반드시 권면과 훈계를 지속해야 합니다. 그들이 돌이킬 수 없을 정도로 심각한 죄에 사로잡히지 않도록 반드시 경고해야 합니다.

유능한 목회자라 해도 자신의 회중 가운데 누가 정말로 좋은 밭이고 누가 나쁜 밭인지 확신하기는 어렵습니다. 그러므로 성도들이 끝까지 인내하도록 도울 길은 오직 말씀 안에서 권면하고 지속적으로 경고하는 것뿐입니다. 성도들이 경고의 말씀에 귀 기울이고 마음에 새긴다면, 그것으로 자신들의 겸손하고 선한 믿음을 입증하는 셈이 됩니다.

5. 우리의 진정성 있는 첫 믿음의 고백, 구원에 이르는 그 믿음을 통해 하나님은 우리를 온전히 의롭다 하시지만, 이 믿음은 또한 끝까지 인내하면서 '믿음의 순종'으로 열매를 맺게 되는 믿음입니다.

우리에게는 인내하는 믿음과 순종이 반드시 필요합니다. 인내와 순종이 그토록 중요하긴 하지만, 그렇더라도 이 말은 하나님께서 우리를 의롭다 선포하시기 전에, 우리의 인내와 순종을 먼저 확인하셔야 한다는 의미는 아닙니다. 우리는 오직 믿음으로 의롭다 하심을 얻습니다. 로마서 5장 1절은 "우리가 믿음으로 의롭다 하심을 받았으니"라고 선언합니다. 그것은 과거에 일어난 사건입니다. 우리가 믿음의 인내와 순종을 보이기 전, 우리가 처음 예수님을 믿고 그리스도와 연합되었을 때의 일입니다. 우리가 그리스도와 연합되는 그 순간, 그분의 의로움이 나의 의로움으로 간주됩니다. 바울은 자신의 목표를 이렇게 말합니다. "그 안에서 발견되려 함이니 내가 가진 의는 율법에서 난 것이 아니요 오직 그리스도를 믿음으로 말미암은 것이니 곧 믿음으로 하나님께로부터 난 의라"(빌 3:9).

다시 한 번 강조하지만, 우리가 하나님께 용납되고 받아들여지는 유일한 근거는 오직 그리스도가 흘리신 피와 그분의 의로움입니다. "하나님이 죄를 알지도 못하신 이를 우리를 대신하여 죄로 삼으신 것은 우리로 하여금 그 안에서 하나님의 의가 되게 하려 하심이라"(고후 5:21). "한 사람이 순종하지 아니함으로 많은 사람이 죄인 된 것같이 한 사람이 순종하심으로 많은 사람이 의인이 되리라"(롬 5:19). 우리의 믿음이 (하나님께서 구원이라는 보상으로 화답하시도록) 무슨 공로로 작용하는 것이 아닙니다. 믿음은 그저 (우리가 도저히 할 수 없는 것을) 그리스도가 내신 성취하신 사실을 받아들이는 것입니다. 그리스도가 우리 죄의 형벌을 대신 받으셨고, 그것을 통해 우리를 의롭다 하실 근거를 마련하셨습니다. 우리의 의, 우리의 완전함은 오직 그리스도 안에서만 가능합니다. 그러므로 우리의 믿음은 우리가 하나님께 받아들여지는 근거가 될 수 없습니다. 믿음은 단지 그리스도와의 연합을 위한 방편 또는 도구일 뿐입니다. 우리가 하나님께 받아들여지고 하나님 앞에 담대히 나아갈 수 있는 유일한 근거는 오직 예수 그리스도입니다.

이미 의롭다 하심을 받은 우리에게 순종이 갖는 효용은 무엇일까요? 그것은 우리의 믿음의 진위를 증명하는 데 있습니다. 우리의 사랑의 행위는 그 자체로 하나님께 (맨처음이든 최종적으로든) 인정받거나 받아들여지는 근거가 되지 못합니다.

다만 우리의 사랑의 행위는 하나님께서 주권적으로 우리에게 부여하신 새로운 생명과 새로운 삶이 말그대로 진짜임을 공공연히 드러내는 데 가치가 있습니다. 이와 관련해 바울은 다음과 같이 선언하고 있습니다. "그리스도 예수 안에서는 할례나 무할례나 효력이 없으되 사랑으로써 역사하는 믿음뿐이니라"(갈 5:6). 우리를 의롭다 하실 때 하나님께서 보시는 것은 믿음이며, 그 믿음은 사랑으로 역사하는 힘이 있습니다. 우리의 사랑이 아무리 중요하다 해도 그것이 하나님을 우리 편으로 만드는 게 아닙니다. 그 동력은 그리스도 안에 있는 우리의 믿음이며, 그렇기 때문에 우리는 사랑을 행할 수 있는 것입니다. 특히나 사랑은 성령의 열매입니다. 그리고 우리는 맨처음 믿을 때 성령을 받았습니다(갈 3:2).

그러므로 우리가 최종적인 구원을 얻기 위해 믿음과 순종으로 인내할 필요성이 분명히 있지만, 하나님께서 그것을 우리의 칭의와 자녀됨을 위한 선제조건으로 간주하지 않으신다는 게 결론입니다. 우리는 하나님을 100퍼센트 나의 편으로 만들기 위해 믿음의 싸움을 싸우는 것이 아닙니다. 그 일은 우리가 믿음으로 그리스도와 연합하던 순간에 일어났습니다. 그리고 하나님께서 100퍼센트 나의 편이 되시기 때문에 믿음의 싸움을 싸우는 것입니다. 바울은 그것을 이렇게 표현합니다. "내가 이미 얻었다 함도 아니요 온전히 이루었다 함도 아니라 오직 '내가 그리스도 예수께 잡힌 바' 된 그것을 잡으려고 달려가노라"(빌 3:12). 그리스도께서 우리를 그분의 소유로 잡힌 바 되게 하셨습니다. 바로 이것이 우리가 계속해서 선한 싸움을 싸우고 믿음의 경주를 달려가는 이유입니다. 행위에 따라 (행위에 근거한 것이 아니라) 이루어지는 최후 심판 때, 하나님의 법정에서는 우리의 칭의와 연관되는 모든 행위의 의미가 비로소 드러날 것입니다. 그것은 눈에 보이지 않는 우리의 믿음 그리고 그리스도와의 연합에 대한 가시적이고 공개적인 증거로 드러날 것입니다. 그때에도 지금과 마찬가지로, 오직 예수 그리스도만이 우리가 받아들여지는 유일한 근거가 되실 것입니다.

6. 하나님께서 그 택하신 백성이 인내하도록 역사하십니다.

우리는 믿음의 선한 싸움을 홀로 싸우도록 내버려지지 않습니다. 우리의 이러한 확신은 우리를 부르신 하나님께서 또한 우리를 끝까지 붙드시는 그 주권적 사랑에 깊이 뿌리내리고 있습니다. 그러니까 우리를 주권적으로 택하신 하나님께서 또한 우리에게 요구되는 믿음의 순종을 우리가 인내하며 나타내도록 친히 주권적으로 역사하신다는 것입니다. 여기서 소개하는 본문들은 앞서 5장에서 다루었던 새 언약의 약속들이기도 합니다. 십자가에서 피 흘리셨을 때 예수님은 우리를 위해 하나님의 모든 약속을 사셨습니다(눅 22:20; 고후 1:20).

그 가운데는 하나님께서 우리가 끝까지 견디도록 철저히 헌신하시겠다는 새 언약의 약속도 들어 있습니다. "내가 그들에게 복을 주기 위하여 그들을 떠나지 아니하리라 하는 영원한 언약을 그들에게 세우고 '나를 경외함을 그들의 마음에 두어 나를 떠나지 않게 하고'"(렘 32:40). 이 약속은 신약 성경에서 여러 놀라운 말씀으로 재등장하고 있습니다.

- 너희는 말세에 나타내기로 예비하신 구원을 얻기 위하여 믿음으로 말미암아 하나님의 능력으로 보호하심을 받았느니라(벧전 1:5).
- 능히 너희를 보호하사 거침이 없게 하시고 너희로 그 영광 앞에 흠이 없이 기쁨으로 서게 하실 이 곧 우리 구주 홀로 하나이신 하나님께 우리 주 예수 그리스도로 말미암아 영광과 위엄과 권력과 권세가 영원 전부터 이제와 영원토록 있을지어다 아멘(유 24-25).
- 평강의 하나님이 친히 너희를 온전히 거룩하게 하시고 또 너희의 온 영과 혼과 몸이 우리 주 예수 그리스도께서 강림하실 때에 흠 없게 보전되기를 원하노라 너희를 부르시는 이는 미쁘시

니 그가 또한 이루시리라(살전 5:23-24).
- 너희 안에서 착한 일을 시작하신 이가 그리스도 예수의 날까지 이루실 줄을 우리는 확신하노라(빌 1:6).
- 주께서 너희를 우리 주 예수 그리스도의 날에 책망할 것이 없는 자로 끝까지 견고하게 하시리라 너희를 불러 그의 아들 예수 그리스도 우리 주와 더불어 교제하게 하시는 하나님은 미쁘시도다(고전 1:8-9).
- 양들의 큰 목자이신 우리 주 예수를 영원한 언약의 피로 죽은 자 가운데서 이끌어 내신 평강의 하나님이 모든 선한 일에 너희를 온전하게 하사 자기 뜻을 행하게 하시고 그 앞에 즐거운 것을 예수 그리스도로 말미암아 우리 가운데서 이루시기를 원하노라 영광이 그에게 세세무궁토록 있을지어다 아멘(히 13:20-21).

때때로 저는 사람들에게 이렇게 묻습니다. "당신은 내일 아침에도 자신이 여전히 그리스도인으로서 깨어날 것을 어떻게 믿습니까?", "내일 당신이 깨어날 때 구원 받는 믿음을 지니고 있을 것을 어떻게 확신합니까?" 저는 사람들이 성도의 견인과 관련하여 각자 어떤 관점을 갖고 있는지 확인해 보기 위해 이런 질문들을 던집니다. "저는 제 자신을 잘 압니다. 내일 아침에도 제가 믿음을 선택할 것은 틀림없습니다"라든가 혹은, "저는 누구보다 예수님을 따르는 사람입니다"라는 식의 답변은 결코 성경적이지 않습니다. 그러한 확신은 아름다워 보일 수 있지만 유리처럼 깨지기도 매우 쉽습니다.

정답은 위에서 언급된 본문들 속에 있습니다. "제가 믿는 하나님은 신실하신 하나님이시기 때문입니다", "하나님께서 제 안에서 일하실 것이기 때문입니다", "하나님께서 저를 지키겠다 약속하셨기 때문입니다", "하나님께서 친히 그분의 일을 완성하실 것을 확신하기 때문입니다." 우리가 확신을 갖는 근거는, 우리의 열심이나 헌신이 아니라 신실하신 하나님께 있어야 합니다. 신실하신 하나님께서 그렇게 하겠다 약속하셨기 때문입니다.

특별히 제가 이런 질문을 던지는 이유는, 혹시라도 우리에게 보장된 안전을 혹여 백신주사처럼 간주하지는 않는지 확인하는 차원이 있습니다. 우리가 회심하여 처음 주님을 영접한 그때, 우리는 이미 영구적인 백신을 맞았고, 그렇기 때문에 더 이상 불신앙의 질병에 걸리지 않는다는 식으로 오해할 여지가 있기 때문입니다. 하지만 그런 생각은 분명 오해이고 잘못된 비유입니다. 그것은 위대한 의사이신 주님의 지속적인 돌보심과 그분의 일하심 없이도, 우리에게 구원의 모든 과정이 자동적으로 착착 진행될 것임을 함의하기 때문입니다. 성도의 견인은 백신집종 같은 방식으로 이루어지지 않습니다.

오히려 성도의 견인은 위대한 의사가 우리와 항상 함께하시는 방식으로 평생의 치료자가 되시는 것과 유사합니다. 주님은 절대로 우리를 버리거나 떠나지 않으십니다(히 13:5). 그렇기 때문에 우리는 인내할 수 있습니다. 그것이 곧 우리가 성도의 견인을 확신하는 이유입니다.

7. 그러므로 우리의 부르심과 택하심을 굳게 하기 위해 열심을 품어야 합니다.

베드로후서 1장 10-11절은 이렇게 말씀합니다. "그러므로 형제들아 더욱 힘써 너희 부르심과 택하심을 굳게 하라 너희가 이것을 행한즉 언제든지 실족하지 아니하리라 이같이 하면 우리 주 곧 구주 예수 그리스도의 영원한 나라에 들어감을 넉넉히 너희에게 주시리라." 베드로의 요지는 하나님의 부르심과 택하심은 깨지기 쉬운 것이라서 우리가 단단히 붙들어야 한다는 의미가 아닙니다. 예를 들면, 로마서 8장 29-30절에서 우리는 그 부르심과 택하심이 주권자 하나님에 의해 가장 견고한 실재가 되었음을 이미 보았습니다. 우리를 향한 하나님의 부르심과 택하심은 서로 연결되어 결코 끊어지지 않는 구원의 황금사슬의 일부입니다.

베드로가 말하고자 하는 취지는 '하나님이 우리를 부르시고 택하신 것에 대한 확신을 항상 붙잡을 뿐 아니라 그것에서 비롯된 기쁨을 삶 가운데 지속적으로 드러내고 확증하라'는 것입니다. 베드로는 앞에서 이렇게 설명합니다. "그의 신기한 능력으로 생명과 경건에 속한 모든 것을 우리에게 주셨으니 이는 자기의 영광과 덕으로써 우리를 부르신 이를 앎으로 말미암음이라"(벧후 1:3). 하나님께서는 우리의 부르심과 택하심을 굳게 하는 일을 우리에게만 맡겨 두지 않으십니다. 우리를 그냥 내버려두지 않으십니다.

하나님은 그분의 주권적인 능력으로 우리가 믿음 안에서 그리고 덕과 지식과 절제와 인내와 경건과 형제 우애와 사랑 안에서 자라가게 하실 것입니다(벧후 1:5-7). 다시 말하면, 우리는 우리 삶에서 역사하실 하나님의 약속과 능력을 깊이 신뢰해야 합니다. 하나님께서 성령의 능력으로 우리 삶 가운데 죄를 박멸하시고 기쁨으로 사랑의 실천을 추구하게 하실 것이니까요. 주권자 하나님께서 큰 능력으로 그렇게 하겠다고 약속하셨습니다. 그러한 우리의 믿음은 사랑의 수고를 통해 역사하게 될 것입니다. 또한 사랑으로 역사하는 그 믿음(갈 5:6)은 우리가 나를 향한 하나님의 부르심과 택하심을 확신하고 있음을 나타내는 증거이기도 합니다.

8. 끝까지 인내하는 성도의 여정은 공동체로 함께 가야 합니다.

하나님께서는 우리에게 믿음의 선한 싸움을 나 홀로 싸우게 내버려두지 않으십니다. 무엇보다 하나님께서 친히 주권적으로 역사하실 테지만, 더불어 우리는 서로를 위해서도 믿음의 싸움을 함께 벌여야 합니다. 택함 받은 자들의 인내에 대한 바울의 놀라운 언급 가운데 하나가 디모데후서 2장 10절 말씀입니다. "그러므로 내가 택함 받은 자들을 위하여 모든 것을 참음은 그들도 그리스도 예수 안에 있는 구원을 영원한 영광과 함께 받게 하려 함이라." 이 말씀은 많은 이들을 놀라게 합니다. "택함 받은 자들은 마지막 날 영광 가운데 구원을 받는 것이 이미 확실한 것 아닙니까?" 예 맞습니다. 하나님께서는 의롭다 하신 자를 또한 영화롭게 하십니다.

하지만 그 질문은 어떤 이들에게는 잘못된 오해를 품게 만들기도 합니다. 즉, 결과가 보장되어 있으니 애쓸 필요가 없다는 주장입니다. 잘못된 생각입니다. 하나님께서 택하신 자들의 최종적인 구원은 분명 확실합니다. 그 일은 실패할 수가 없습니다. 하지만 그 구원을 확실하게 하기 위해 하나님께서 정해 놓으신 방식이 있습니다. 주님은 구원의 서정에 함께 서 있는 동역자들에게 능력을 덧입히셔서 서로의 믿음의 싸움을 거들게 하셨습니다. 그래서 바울은 하나님의 택하심을 받은 그리스도인들의 인내의 여정에서 자신의 말씀 사역이 그것을 도울 필수 요소라고 보았습니다.

예를 들어 보겠습니다. 커다란 목재에 못 하나가 깊이 박히도록 하나님께서 계획하셨다고 상상해 보십시오. 어떤 일이 생기겠습니까? 반드시 그대로 될 것입니다. 그분은 하나님이시고, 하나님께서 못이 박히도록 예정하셨다면 그 일은 반드시 일어날 것입니다. 그렇다면 하나님께서 망치에 대해서는 전혀 신경 쓰지 않으실까요? 아니죠. 누군가는 망치로 못을 두들겨야 합니다. 망치를 들고 못을 내리치는 일은, 못이 목재에 박히도록 정하신 그 일이 이루어지도록 하나님께서 또한 정해 놓으신 방식입니다.

우리의 구원도 마찬가지입니다. 하나님께서 택하신 자들은 마지막 날에 영원한 영광 가운데 구원을 받게 될 것이 확실합니다. 그러면 그들을 구원으로 인도하기 위해 수고하는 말씀 사역에 대해서 하나님은 전혀 무관심하실까요? 그렇지 않습니다. 하나님께서 우리의 말씀 사역을 필수적인 것으로 정하셨습니다. 이 사실이 우리 구원의 확실성을 흔들지 않는 이유는, 하나님께서 구원의 결과에 있어서 주권적이신 것만큼 그 모든 과정과 방편에 있어서도 주권적이시기 때문입니다.

우리는 히브리서 3장 12-13절에서 이러한 진리가 우리에게도 적용되는 것을 볼 수 있습니다. "형제들아 너희는 삼가

혹 너희 중에 누가 믿지 아니하는 악한 마음을 품고 살아 계신 하나님에게서 떨어질까 조심할 것이요 오직 오늘이라 일컫는 동안에 매일 피차 권면하여 너희 중에 누구든지 죄의 유혹으로 완고하게 되지 않도록 하라." 하나님께서는 그 택하신 자들 가운데 어느 한 사람도 "하나님에게서 떨어져나가" 멸망에 이르는 일이 없도록 우리를 확실히 지켜주실 것입니다. 그러나 하나님께서 우리를 떨어져나가지 않도록 보호하시는 방식은(유 1:24) 그리스도인들끼리의 상호 권면을 통해서입니다. 이것은 교회가 이 세상에 존재하는 목적 중 하나이기도 합니다. 하나님께서는 택하신 자들에 대한 그분의 확실한 보호 수단으로 그리스도의 몸 된 교회를 정하셨습니다.

이제 우리를 향한 소망과 기도로 이번 장을 마치려 합니다. 우리를 인내하도록 붙드시는 하나님의 은혜, 우리를 또한 인내하시는 하나님의 그 은혜 속으로 우리 모두 더 깊이 들어갈 수 있기를 소망합니다. 이러한 진리를 오랜 시간 머금고 마음 깊이 새기면, 언약에 신실하신 하나님의 은혜야말로 우리에게 강력하고 아름다운 확신의 근거가 될 것입니다.

하나님께서는 우리를 아십니다. 또한 하나님께서는 우리를 부르시고, 우리에게 믿음을 주십니다. 하나님께서는 우리를 떠나지 않으실 것이며, 끝까지 지키실 것입니다. 최종적으로는 하나님께서 우리를 그분의 영광의 임재 앞에 흠 없는 모습으로 큰 기쁨 가운데 친히 서게 하실 것입니다. 이러한 확신이야말로 우리 삶에 크나큰 환희와 감격의 기쁨으로 작용할 것이며, 용기와 힘을 불어넣을 것입니다. 하나님께서 우리 모두를 성도의 견인의 깊은 은혜 속으로 날마다 신실하게 이끌어가시길 간절히 소망합니다.

8장
칼빈주의 교리가 내게 일으킨 변화

이번 장에서 소개하는 열 가지 항목은 은혜의 교리라고도 할 수 있는 칼빈주의 5대 교리를 믿는 것과 관련한 저의 개인적인 간증이 포함된 진술입니다.

1. 하나님을 경외하는 마음을 더해 주고, 하나님 중심의 참된 예배로 깊이 들어가게 합니다.

저는 지금도 베델신학대학에서 에베소서를 가르치던 시절의 일을 기억합니다. 그때 저는 하나님께서 행하신 모든 일들의 목표가 에베소서에서 세 차례나 반복하여 선포되고 있다는 사실을 처음으로 주목하게 되었습니다. 그것은 하나님의 "은혜의 영광을 찬송하게 하려는" 것이었습니다(엡 1:6, 12, 14).

그렇습니다. 우리 인간의 힘으로는 하나님께 무엇 하나라도 더 보탤 수 없습니다. 하나님께서는 인간에게 어떤 식으로든 도움이 필요할 만큼 부족함 따위는 전혀 없으신 분입니다. 그러므로 우리 인간의 존재 목적 역시 하나님께 무엇을 해드리는 데 있는 것이 아니라, 에베소서의 선언처럼 "하나님의 은혜의 영광을 찬송"하는 데 있습니다.

이 말씀 덕분에 저는 우리 인간이 하나님의 필요를 채우기 위해 헌신할 때가 아니라, 우리가 이미 그 자체로 완전하신 하나님 안에서 가장 만족하고 즐거워할 때 하나님께서는 가장 큰 영광을 받으신다는 사실을 깨달았습니다. 하나님 안에서 만족을 누리는 것은 우리 인간이 마땅히 행해야 할 가장 본질적인 행위입니다. "이는 만물이 주에게서 나오고 주로 말미암고 주에게로 돌아감이라 그에게 영광이 세세에 있을지어다 아멘"(롬 11:36). 그러므로 예배는 그 자체로 우리의 최종 목적이 됩니다.

저는 그동안 하나님을 향한 저의 애정이 얼마나 빈약하고 부적절했는지 깨달았습니다. 그 이후로 하나님을 갈망하는 시편의 말씀들이 저에게 생생하게 와닿았고 예배의 감동이 더해졌습니다.

2. 하나님과 관련된 것들을 가볍게 다루지 않도록 경계하게 해줍니다.

오늘 우리의 문화는 눈에 보기 좋은 것, 자극적이지만 부담스럽지 않은 것을 선호합니다. 소위 피상성과 즉흥성에 물들어 있습니다. 잠시 동안 잘근잘근 씹어대다가 툭 뱉어버리곤 금방 잊어버릴 수 있는 게 최고의 대접을 받습니다. 심지어 우리는 그런 것들에 중독되어 있습니다. 이러한 풍조는 실로 우리 시대의 재앙 가운데 하나가 아닐 수 없습니다. 세태의 도도한 흐름에 쓸려버린 듯 '거룩하신' 하나님은 그 어디에도 보이질 않습니다.

한때 과도할 정도로 진지한 시대가 있었다고 할지 모르겠습니다. 그러나 오늘날에는 진지함을 찾아보기가 어렵습니다. 물론 오늘날에도 시시껄렁한 주제로 대화를 지속하는 게 몹시 불편한 사람들이 있습니다. 그런 사람들은 아마도 유머 감각이 떨어지는 경직된 사람이라는 식의 비판을 듣는 편이 더 많을 것입니다. 하지만 제가 보기에 오늘 우리 시대의 정말 안타까운 모습은 사람들이 전혀 경외심을 마음에 품지 못하고 살아간다는 점입니다. 사람들은 이미 그 능력을 잃었습니다. 사람들은 하나님의 크고 위대하심에 단 한번도 두렵고 떨리는 마음을 가져본 적이 없는 것 같습니다. 사람들은 관계에 있어서 단지 한 가지 방식만 알고 있을 뿐입니다. 즉흥적이고 가벼운 만남 말입니다. 매우 비극적이고 우리를 피폐하게 만드는 현실입니다.

로버트슨 니콜은 찰스 스펄전에 대해 이렇게 말했습니다.

> 유머와 재치 가득한 복음전도 방식(회중들은 이것을 세련되고 멋지고 기발하고 재미있고 유행의 첨단을 걷는 교회 성장 방식이라고 칭찬합니다)은 많은 사람들을 끌어모을 수 있겠지만, 그것은 우리의 영혼을 잿더미로 만들고 신앙의 세포 자체를 파괴한다. 스펄전 목사의 설교를 모르는 사람들은 대개 그를 유머러스한 설교자였을 것으로 생각한다. 하지만 사실은 스펄전보다 더 한결같이 진지하고, 경건하고 근엄한 어조로 설교하는 사람은 없었다.[1]

은혜의 교리를 통해 드러나는 하나님의 크고 위대하심은 제 인생의 무게 중심과도 같습니다. 그분의 위대하심은 저에게 엄청난 기쁨을 안겨 주고, 모든 피상성과 즉흥성의 전염병에서 저의 마음을 지켜 줍니다.

---

1 Iain Murray, *The Forgotten Spurgeon* (Edinburgh: Banner of Truth Trust, 1973), p. 38에서 인용함.

3. 제가 받은 구원의 은혜에 놀라움을 금치 못하게 합니다.

바울은 에베소서 1장에서 하나님의 위대한 구원 역사를 설명한 후, 그러한 신학적 통찰의 결과로 우리 마음의 눈이 밝아져서 다음과 같이 변화되길 기도합니다. "너희 마음의 눈을 밝히사 그의 부르심의 소망이 무엇이며 성도 안에서 그 기업의 영광의 풍성함이 무엇이며 그의 힘의 위력으로 역사하심을 따라 믿는 우리에게 베푸신 능력의 지극히 크심이 어떠한 것을 너희로 알게 하시기를 구하노라"(엡 1:18-19). 다른 말로 하면, 바울은 1장 전반부에서 설명한 진리들이 실제로 그들 삶에서 경험되길 기도하고 있습니다. 우리에게 일어났다고 언급되는 그 일들이 실제로 나 자신에게서도 구체적으로 인식되고 느껴질 수 있길 마음 깊이 바라는 것입니다.

그렇게 되면 우리에게 스스로 자랑할 근거는 하나도 남지 않게 됩니다. 모두 사라지고 맙니다. 오직 애통하는 심령 속에 감사와 기쁨이 넘쳐나게 됩니다.

조나단 에드워즈의 경건이 우리 안에서도 자라기 시작합니다. 하나님께서 우리로 하여금 그분의 위엄과 우리의 죄악의 실상을 조금이라도 깨닫게 하신다면, 그리스도인으로서 우리의 삶은 틀에 박힌 종교적 경건과는 완전히 이별하게 될 것입니다. 에드워즈는 이 사실을 아름답게 묘사했습니다.

성도의 갈망은 그것이 아무리 간절할지라도 겸손한 갈망이다. 그들의 소망은 겸손한 소망이며, 그들의 기쁨은, 심지어 말로 표현할 수 없고 영광으로 충만할지라도, 겸손한 기쁨이다. 그 기쁨은 애통하는 자의 기쁨이며, 그리스도인의 심령을 더욱 가난하게 하는 기쁨이다. 그것은 자신을 마치 작은 어린아이처럼 매사에 가장 낮은 자로 여기도록 만든다.[2]

4. 복음을 가장한 인간-중심의 대체품들에 경각심을 갖게 합니다.

저의 다른 책 『하나님의 기쁨』[3]에서 저는 18세기 뉴잉글랜드에서 하나님의 주권에 대한 신앙이 어느새 아르미니우스주의로, 이후 만인구원설(보편구원론)로, 그리고 그 다음엔 유니테리언주의(Unitarianism)로 차츰차츰 쇠퇴해 가는 것을 보여드렸습니다. 19세기 영국에서도 찰스 스펄전 이후 똑같은 일들이 벌어졌습니다.

이안 머레이도 『조나단 에드워즈』 전기에서 그러한 실상을

---

2 *Religious Affections*, New Haven: Yale University Press, 1959, pp. 339-40. 『신앙감정론』 부흥과개혁사 역간.

3 John Piper, *The Pleasures of God* (Colorado Springs, CO: Multnomah Books), p. 129 in the 2012 revised edition. 두란노 역간.

보고하고 있습니다. "북미에서 이제 칼빈주의적 신념은 약화되었다. 에드워즈가 정확히 예견한 대로다. 대각성운동 이후, 아르미니우스주의를 받아들인 뉴잉글랜드의 회중교회들은 유니테리언주의와 만인구원설로 점차 돌아서면서 쇠퇴의 길을 걸었고, 찰스 촌시란 인물이 그 일을 주도했다."[4]

제임스 패커는 자신의 책 『경건의 추구』에서, 리처드 백스터가 칼빈주의의 교리를 내버린 결과로 (백스터가 시무하던) 영국 키더민스터의 교회에서 다음 세대들이 얼마나 참담한 열매를 거두었는지에 대해 지적하고 있습니다.[5]

우리가 지금까지 살펴본 칼빈주의 교리는 다양한 형태로 등장하는 인간 중심의 교리들에 저항하는 마지막 보루 중 하나였습니다. 소위 인본주의 가르침은 교회를 점차 타락시켜 왔으며 내부에서부터 조금씩 썩어들어가게 했습니다. 그러는 동안에도 교회는 겉으로는 튼실해 보이거나 대중의 높은 관심을 받았습니다. 하지만 바른 교리와 가르침으로 무장한 참된 교회야말로 "살아 계신 하나님의 교회요 진리의 기둥과 터"가 될 것입니다(딤전 3:15). 칼빈주의 가르침은 저에게 이 사

---

[4] Iain Murray, *Jonathan Edwards: A New Biography* (Edinburgh: Banner of Truth, 1987), p. 454. 이레서원 역간.

[5] J. I. Packer, *A Quest for Godliness* (Wheaton, IL: Crossway Books, 1990), p. 160.

실을 증명해 주었습니다.

5. 하나님을 하찮케 여기는 우리의 심각한 고질병, 세속 문화에 탄식하게 합니다.

저는 신문이나 인터넷 포털의 기사를 잘 보지 않습니다. TV 광고와 거리의 광고판도 마찬가지입니다. 제대로 쳐다보기가 불편합니다. 그것들을 볼 때마다 우리가 하나님을 놓치고 있다는 무거운 심정을 떨쳐버리지 못하기 때문입니다. 하나님은 분명히 온 우주의 중심이시고 가장 중요한 실체이십니다. 하지만 세상은 하나님을 실체가 전혀 없는 것처럼 취급하며 무시하고 있습니다. 이러한 현실에 저는 그분의 진노가 계속 쌓이는 것 같아 두렵기만 합니다. 저는 지금도 세상의 그런 모습에 충격을 받습니다. 우리는 어떤가요? 많은 그리스도인들이 이 세상처럼 하나님을 무시하는 마약에 똑같이 찌들어 있습니다. 어떤 사람들은 하나님을 아예 언급하지 않는 것이 오히려 덕스러운 태도라고 생각하고, 매사에 하나님을 연관지어 이야기하는 사람들을 냉소적으로 비판합니다. 칼빈주의 가르침은 그러한 무시와 냉소의 독소를 제거할 수 있는 놀라운 해독제입니다.

그리스도인은 삶의 모든 영역에 실재하시는 하나님과 그분의 탁월하심을 분명히 드러내고 증거하기 위해 존재합니다. 그러므로 우리는 대각성이 절실히 필요합니다. 칼빈주의 가르침은 저로 하여금 이 사실을 늘 인지하게 하고 이를 위한 기도의 끈을 놓지 않게 합니다. 오직 하나님의 주권적 은혜의 역사만이 우리에게 대각성을 불러일으킬 수 있습니다.

6. 하나님께서 이 세상과 나를 위해 뜻하시고 시작하신 일은 반드시 완수하실 것에 대한 확신을 줍니다.

하나님께서는 그분 자신의 영광을 위해 (자녀로 삼으신) 우리를 그분의 주권적 능력으로 끝까지 지키실 것입니다. 이는 너무나도 소중한 진리입니다. 저는 그 사실을 마음으로 믿고 지식으로도 알고 있습니다. 만일 하나님의 은혜 없이 홀로 남겨졌다면, 저의 마음은 그저 교만하고 자기중심적이며 한낱 우상 공장에 지나지 않았을 것입니다. 아래 찬송 시보다 저에게 더 필요한 기도도 없을 것 같습니다.

주의 귀한 은혜 받고 일생 빚진 자 되네
주의 은혜 사슬 되사 나를 주께 매소서

우리 맘은 연약하여 범죄하기 쉬우니

하나님이 받으시고 천국 인을 치소서.

그렇습니다. 저는 하나님께서 날마다 제 자신을 주와 함께 단단히 묶어 주시길 원합니다. 저는 그래야만 합니다. 주께서 나를 인 치셔야 합니다. 나를 사로잡으셔야 합니다. 나를 지키셔야 합니다. 나를 꽉 붙드셔야 합니다. 나의 어떠한 노력으로도 '하나님 없는' 나는 결코 구원을 얻을 수 없기 때문입니다. 결코 안전할 수 없기 때문입니다.

은혜의 칼빈주의 교리는 저의 이러한 갈급함을 완벽하게 만족시켜 줍니다. 하나님께서는 저를 위해 반드시 구원의 일을 시작하실 뿐 아니라 완전히 성취하실 것까지 약속하셨습니다. "내가 그들에게 복을 주기 위하여 그들을 떠나지 아니하리라… 영원한 언약을 그들에게 세우고 나를 경외함을 그들의 마음에 두어 나를 떠나지 않게 [하리라]"(렘 32:40). "두려워하지 말라 내가 너와 함께 함이라 놀라지 말라 나는 네 하나님이 됨이라 내가 너를 굳세게 하리라 참으로 너를 도와 주리라 참으로 나의 의로운 오른손으로 너를 붙들리라"(사 41:10).

저는 이러한 확신 가운데 오늘 밤에도 잠자리에 듭니다. 저는 제 자신의 자유 의지가 아니라 오직 하나님의 주권적인 은혜만을 믿기 때문에, 내일 아침에 눈을 뜰 때에도 안전히 보호 받을 것을 확신합니다. 이 확신은 제게는 수억만금의 재산보다 훨씬 더 가치 있고 소중합니다.

7. 하나님이 주권자시라는 관점에서 나의 모든 것을 바라보게 합니다.

"이는 만물이 주에게서 나오고 주로 말미암고 주에게로 돌아감이라 그에게 영광이 세세에 있을지어다"(롬 11:36). 칼빈주의 교리라는 렌즈를 통해 저는 삶에서 일어나는 모든 일을 주권자이신 하나님의 뜻과 목적에 비추어 바라볼 수 있게 되었습니다. 그래서 하나님은 제 삶에서 일어나는 모든 일의 효시가 되시고, 중심이 되시고, 마지막이 되십니다. 제 삶의 모든 영역에 하나님께서 임새하시고, 그 모든 곳에서 하나님이 최고의 자리를 차지하십니다. 오직 하나님만이 제 삶의 모든 일에 진정한 의미를 부여해 주십니다(고전 10:31).

저는 하나님의 주권적인 뜻이 온전히 실현되는 것을 성경을 통해 읽으면서, 세상의 다른 모든 것 또한 그러한 눈으로 보게 되었습니다. "모든 일을 그의 뜻의 결정대로 일하시는 이의 계획을 따라 우리가 예정을 입어 그 안에서 기업이 되었으니"(엡 1:11). 우리가 살아가는 진짜 현실은 하나님으로 충만합니다. 세상 모든 것에 하나님의 영광이 배어 있습니다. 만물이 하나님에게서 나오고 그분을 위해 존재합니다. 저는 조나단 에드워즈가 은혜의 교리에 대해 다시금 그 의미를 누구보다 아름답게 풀어 냈다고 생각합니다.

> 피조물이 하나님을 알고, 높이고, 사랑하고, 그분 안에서 즐거워하고 찬양할 때, 하나님의 영광은 밝게 드러나고 높이 인정을 받으신다. 피조물인 우리는 하나님의 충만하심을 받아들이고 다시 돌려드린다. 하나님은 발산하시고 우리는 반사한다. 피조물인 우리에게 비치는 그 광채를 우리는 발광체이신 창조주 하나님께 다시 되돌려드린다. 영광의 빛은 하나님에게서 나온 하나님의 일부이며 피조물에게 들어갔다가 다시 근원이신 그분께로 되돌아간다. 그렇게 만물은 하나님께 속하고, 하나님 안에 있으며, 하나님께로 돌아간다. 오직 하나님께서 이 모든 것의 첫 시작과 중간 그리고 마지막이 되신다.[6]

---

6 Jonathan Edwards, *The End for Which God Created the World*, p. 275, in John Piper's, *God's Passion for His Glory*, (Wheaton, Illinois: Crossway Books, 1998), p. 248. 『존 파이퍼의 하나님의 영광을 위한 하나님의 열심』 부흥과개혁사 역간.

8. 하나님은 나의 기도에 응답하실 뜻과 권세와 능력이 충분하시므로 내가 중보 기도하는 이들이 반드시 변화될 것이라는 소망을 잃지 않게 합니다.

우리가 기도하는 이유는 하나님께서 개입하셔서 모든 것에 변화를 일으키실 것에 대한 보장이 있기 때문입니다. 사람의 마음도 예외가 아닙니다. 하나님은 인간의 의지조차 돌이키실 수 있습니다. 그러므로 주기도문 가운데 "이름이 거룩히 여김을 받으시오며"(마 6:9)라는 문구의 정확한 의미는, "아버지의 이름을 거룩히 여기지 않는 사람들을 변화시켜 아버지의 이름을 거룩히 여기게 하소서"라는 간구입니다. "형제들아 너희는 우리를 위하여 기도하기를 주의 말씀이 너희 가운데서와 같이 퍼져 나가 영광스럽게 되고"(살후 3:1)라는 말씀은, "다른 사람들을 변화시키셔서 그들의 마음이 복음에 활짝 열리게 하소서"라는 간구이기도 합니다. 오래 전, 하나님께서는 저의 부모님의 간절한 기도에 응답하심으로써 저에게도 그러한 일이 일어나게 하셨습니다. 이제 저 또한 다른 사람들을 위해 기쁨으로 기도하고 있습니다.

저는 새 언약의 약속의 말씀을 따라, 사람들을 위해 중보하며 전 세계 선교지를 위해서도 기도합니다. 그 약속의 말씀들이 하나님의 은혜로 그들의 삶 가운데 이루어지길 간구합니다. 제가 이렇게 기도하는 이유는 하나님께서는 그 약속하신 일을 행하실 뜻과 모든 권세와 능력이 있으시기 때문입니다. 사람의 어떤 자유 의지도 하나님의 역사를 방해할 수 없습니다.

"하나님, 저들 속에 새 영을 주시고, 저들에게서 돌 같은 마음을 제거하고 살처럼 부드러운 마음을 주옵소서"(겔 11:19에 따른 기도).
"주님, 저들의 마음에 할례를 베푸사 저들이 마음을 다하고 뜻을 다하여 주님을 사랑하게 하시고 생명을 얻게 하옵소서"(신 30:6에 따른 기도).
"아버지여, 주의 영을 저들 속에 두어 저들로 주님의 율례를 행하게 하시고, 주님의 규례를 지켜 행하게 하옵소서"(겔 36:27에 따른 기도).
"주여, 저들에게 회개함을 주사 진리를 알게 하시며, 저들로 깨어 마귀의 올무에서 벗어나 하나님께 사로잡힌 바 되어 주님의 뜻을 따르게 하옵소서"(딤후 2:25-26에 따른 기도).
"아버지여, 저들의 마음을 열어 주의 복음을 믿게 하옵소서"(행 16:14에 따른 기도).

다른 무엇보다 기도가 가장 칼빈주의자다운 행위입니다. 신실한 그리스도인은 하나님께서는 사람의 몸을 치유하고 환경을 변화시킬 수 있는 능력뿐 아니라 사람의 마음 또한 주권적으로 감화하시고 변화시킬 수 있는 모든 권세와 능력이 있음을 확신하며 기도합니다. 달리 말하면, 기도는 완악한 인간의 저항을 능히 이기시는 전능하신 하나님의 능력을 신뢰하며 이루어지는 행위입니다. 우리는 단지 하나님께서 그 일을 행하시도록 간구할 뿐입니다. 그러므로 하나님의 불가항력적 은혜의 교리는 내가 간구하며 기도하는 사람들의 삶에서 언젠가 그 기도의 응답이 이루어질 것을 기대하게 만드는 위대한 소망의 근거가 됩니다.

9. 사람들이 그리스도께로 나아오게 하는 일에 복음 전도가 절대적으로 중요하다는 사실을 기억하게 하며, 사람들을 믿음으로 이끄는 우리의 사역이 성공하리라는 소망을 품게 합니다.

한 사람의 회심은 나의 은사나 언변에 달려 있지 않습니다. 또한 불신자들의 완악함 때문에 회심이 좌절되는 것도 아닙니다. 영적으로 죽은 죄인들 가운데서 이루어지는 우리의 전도와 복음 사역이 성공 가능한 이유는 주권자 하나님을 드러내는 은혜의 교리 때문입니다. 하나님의 주권적 은혜가 없다면 우리는 공동묘지의 무덤들을 향해 설교하는 꼴이 되고 말 것입니다. 실제로 우리는 영적으로 죽은 자들에게 설교를 하고 있습니다. 세상은 정말로 죽은 자들의 무덤과 같습니다. 전적 타락의 교리는 자연 상태의 인간에게 십자가의 도가 어리석은 것으로 들릴 수밖에 없음을 의미합니다. "육에 속한 사람은 하나님의 성령의 일들을 받지 아니하나니 이는 그것들이 그에게는 어리석게 보임이요 또 그는 그것들을 알 수도 없나니 그러한 일은 영적으로 분별되기 때문이라"(고전 2:14). 그렇기 때문에 복음 전도는 은혜 교리의 빛 아래에서만 가능한 일이 됩니다. 그리스도 안에서 우리는 정말로 하나님이 죽은 자들을 살리실 수 있다고 믿습니다.

그리고 하나님께서 그 일을 행하시기 위해 사람을 도구로 사용하실 것을 우리는 알고 있습니다. "너희가 거듭난 것은 썩어질 씨로 된 것이 아니요 썩지 아니할 씨로 된 것이니 살아 있고 항상 있는 하나님의 말씀으로 되었느니라"(벧전 1:23). 죽은 인간의 마음에 살아 있는 새 생명을 불어넣으시는 하나님의 주권적 역사는 "하나님의 말씀을 통해" 이루어집니다. 베드로는 이렇게 말합니다. "오직 주의 말씀은 세세토록 있도다 하였으니 너희에게 전한 복음이 곧 이 말씀이니라"(벧전 1:25). 바로 복음입니다. 복음은 구원을 주시는 하나님의 능력입니다(롬 1:16).

그러므로 은혜의 교리는 메마른 땅에서도 전도해야 한다는 소망을 불어넣습니다. 어차피 모두 다 똑같이 죽은 자들입니다. 무슬림이든 힌두교든 또는 기독교 시대 이후 유럽의 강퍅한 세속주의자들이든 타락한 "본연의 인간"보다 더 죽어 있다고 주장한 이유는 없습니다. 그리고 하나님께는 불가능한 일이 없습니다. 그분은 죽은 자를 일으키시는 하나님입니다(엡 2:1-6). 근심하며 돌아선 부자 청년을 만나신 후 예수님은 이렇게 말씀하셨습니다. "사람으로는 할 수 없으나 하나님으로서는 다 하실 수 있느니라"(마 19:26).

저는 세계 선교의 남은 사명들을 바라보면서 절망하지 않습니다. 오히려 주님께서 하신 말씀을 기억합니다. "또 이 우리에 들지 아니한 다른 양들이 내게 있어 내가 인도하여야 할 터이니 그들도 내 음성을 듣고 한 무리가 되어 한 목자에게 있으리라"(요 10:16). '그들도 어쩌면 내 음성을 들을지 모른다'가 아니라, '그들도 내 음성을 듣게 될 것이다'란 말씀입니다. 그래서 저는 확신할 수 있습니다. '이 사역은 결코 실패하지 않습니다!' 은혜의 교리는 윌리엄 캐리, 데이비드 리빙스턴, 아도니람 저드슨, 헨리 마틴, 존 패이튼 그리고 그들 외에 수많은 사람들의 마음에 세계 선교의 불을 지폈습니다. 그 사실은 저에게도 영향을 미쳤습니다. 그래서 저 또한 미전도 지역의 선교 동원을 위해 저의 맡은 바 소임을 다하려고 합니다.

10. 마지막 날에 있을 하나님의 최후 승리를 더욱 확신하게 합니다.

"너희는 옛적 일을 기억하라 나는 하나님이라 나 외에 다른 이가 없느니라 나는 하나님이라 나 같은 이가 없느니라 내가 시초부터 종말을 알리며 아직 이루지 아니한 일을 옛적부터 보이고 이르기를 나의 뜻이 설 것이니 내가 나의 모든 기뻐하는 것을 이루리라 하였노라"(사 46:9-10).

사실 모든 문제 해결의 중심은 하나님입니다. 우리의 하나님은 절대 주권자이십니다. 그리고 그분은 인간의 모든 상상을 뛰어넘는 은혜의 하나님이십니다. 하나님께서는 이 세상을 그 죄 가운데서 멸망하도록 결코 내버려두지 않으십니다. 하나님께서는 창세 전에 모든 일을 계획하셨고, 지금도 그 일을 수행하시며, 장차 하나님의 백성과 피조세계를 위한 구원의 큰 일을 모두 완수하실 것입니다. 하나님께서는 무한한 지혜와 사랑으로 이미 그 일을 시작하셨습니다. 하나님께서 그 일을 이미 시작하셨다면, 장차 그분은 우리 안에서 영광을 받으시고 우리는 그분 안에서 최고의 기쁨을 누리게 될 것이란 말씀이기도 합니다. 하나님의 구원은 결코 실패함이 없습니다. "여호와의 계획은 영원히 서고 그의 생각은 대대에 이르리로다"(시 33:11).

9장
믿음의 증인들 이야기

제가 이 책을 쓴 근본 목표는 성경적 진리의 가르침을 통해 독자들을 설득해서 하나님의 주권적 은혜를 깨달아 알게 하고 삶 가운데서 깊이 경험하도록 돕는 데 있습니다.

"귀신들도 믿고 떠느니라!"(약 2:19). 이 시점에 저는 특별히 이 말씀이 떠오릅니다. 그리고 매우 두렵습니다. 우리에게도 이런 경험이 있지 않습니까? 어떤 실체에 대해 논의한 끝에 그것이 사실이고 진리임을 입술로는 인정했으면서도 정작 그것을 실제로 경험하거나 깨닫지 못한 경우 말입니다. 그 실체를 제대로 알았다면 경험했을 아름다움이나 감미로움을 놓치게 되는 그 불행한 결과를 말입니다.

조나단 에드워즈가 이를 보다 자세히 설명해 줍니다. 가령 그릇에 담긴 끈적한 갈색 물질이 달콤한지를 확인하는 두 가지 방법이 있다고 말합니다. 먼저 벌집 모양의 구조와 색깔 및 냄새로부터 그것이 꿀임을 유추할 수 있고 그것이 꿀이라고 생각된다면, 꿀은 당연히 달콤할 것이므로, 해당 물질이 달콤하다고 결론을 내릴 수 있습니다. 다른 방법은 그것을 손가락으로 찍어 직접 맛보는 것입니다. 맛보면 알 수 있습니다. 저는 하나님의 주권적 은혜의 그 감미로움을 단지 추론하고 분석하는 것에서 그치지 않고 실제로 우리가 경험하고 맛보아 알 수 있길 기도합니다.

저는 이 진리의 가르침이 주는 엄청난 위로 속에서 우리의 영혼이 달콤한 휴식과 평안을 얻게 되길 소망합니다. 이 진리의 깨달음을 통해 우리 모두가 기꺼이 하나님 나라의 의를 행하고 사랑을 실천하면서 담대하게 전도와 선교의 사명을 감당하게 되길 바랍니다. 그리고 그 일에 대한 막대한 보상과 기쁨이 대기하고 있음을 볼 수 있길 바랍니다. 하나님의 주권적 은혜를 깨닫고 그 은혜를 더욱 사모하고 신뢰하는 우리 삶의 모든 경험이 하나님께서 우리를 통해 크게 영광 받으시는 그런 경험이 되길 간절히 기도합니다.

이러한 소망을 담아, 우리보다 앞선 믿음의 선배들은 하나님의 주권적 은혜를 어떻게 경험하고 그 은혜를 드러내는 삶을 어떻게 살아냈는지 잠시 살펴보고자 합니다. 또한 이 놀라운 진리가 그들에게 어떤 의미였는지 함께 보고자 합니다. 이 은혜의 교리를 진정으로 발견한 사람들은 그저 단순히 머리로만 알고 있지 않았습니다. 그 진리는 그들의 심령 깊은 곳에서부터 그리고 삶의 모든 영역에서 언제나 강력한 힘으로 역사했습니다.

히포의 아우구스티누스

종교개혁이 일어나기 천여 년 전에, 아우구스티누스(354-430)는 자신의 삶에서 하나님의 주권적인 은혜를 맛보았습니다. 한동안 방탕한 삶을 살던 그는 하나님의 불가항력적 은혜로 급진적인 회심을 경험했습니다. 아우구스티누스는 『고백록』(Confessions, X, 40)에서 이렇게 말합니다.

> 주의 크신 자비와 긍휼하심이 아니면 저에게는 아무런 소망도 없나이다. 주께서 뜻하신 것을 명하시고, 주께서 명하신 것을 허락하소서. 주께서는 우리에게 금욕을 명하시오니… 참으로 금욕으로 말미암아 우리는 하나가 되고, 여럿으로 나뉜 것에서 다시금 연합으로 되돌아오게 됩니다. 다른 것들과 함께 주님을 사랑하는 사람은 주님을 너무 적게 사랑하는 자입니다. 그것은 주님을 향한

진정한 사랑이 아닐 것입니다. 오 늘 불타오르며 결코 꺼질 줄 모르는 사랑이시여! 오 자비로우신 나의 하나님, 나에게 불을 붙이소서! 주는 금욕을 명하시나이다. 주께서 명하신 것을 허락하시고, 주께서 뜻하신 것을 명하소서.[1]

이것은 불가항력적 은혜의 진리를 사랑했던 사람의 고백입니다. 아우구스티누스는 하나님의 은혜가 아니면 자신은 완전히 실패하고 망한 인생임을 분명히 알았습니다. 그는 자신의 교리적 내용을 담은 편지에서도 이 소중한 진리의 핵심을 정확히 짚고 있습니다(Epistle ccxvii, to Vitalis):

믿기를 거부하는 자들을 위해, 그래서 그들에게 믿고자 하는 의지가 생기길, 그리고 그분의 율례와 교리를 거부하고 반대하는 자들을 위해, 그래서 그들이 그것을 믿고 따르게 되길, 하나님께 기도하는 것은, 우리의 관례대로, 우리의 의무를 행하는 것임을 당신도 동의하길 바랍니다. 저는 그렇다고 믿습니다. 또한 그들이 회심했을 때 이로 인해 하나님께 감사를 드리는 것이, 우리의 관례대로, 우리의 의무를 행하는 것임을 당신도 동의하길 바랍니다…

---

1 Quoted in *Documents of the Christian Church*, ed. by Henry Bettenson [London: Oxford University Press, 1967], p. 54.

그러면 사람의 의지는 그것에 선행되는 하나님의 은혜에 의해 감화된다는 사실을 인정할 수밖에 없습니다. 그들이 한때 거부했던 그 선한 것을 그들이 원하도록 만드시는 이가 하나님이심을 인정할 수밖에 없습니다. 우리는 하나님께서 그 일을 행하시길 기도합니다. 그리고 그렇게 행하신 것에 대해 하나님께 감사드리는 것은 지극히 마땅하고 옳은 일입니다.

불가항력적 은혜의 진리는 잃어버린 영혼들의 회심을 위해 아우구스티누스가 기도할 수밖에 없는 근거였습니다. 또한 그 은혜는 잃어버린 영혼들이 회심했을 때 그가 하나님께 감사할 수밖에 없는 근거이기도 했습니다.

조나단 에드워즈

뉴잉글랜드의 위대한 설교자이자 신학자인 조나단 에드워즈(17093-1758)는 하나님의 주권적 은혜에 마찬가지로 깊은 사랑과 열정을 품었습니다. 에드워즈는 자신이 하나님의 주권과 열렬한 사랑에 빠졌던 스물여섯 살 때의 경험을 이렇게 적고 있습니다.

하나님의 주권 교리와 관련하여, 그 날 이후로 지금까지… 나의 마음에 한 가지 놀라운 변화가 일어났다… 하나님의 절대적 주권은 나의 마음이, 내가 두 눈으로 보는 그 어떤 것만큼이나, 안심하고 확신할 수 있는 그 무엇처럼 보인다… 이 교리는 종종 굉장히 즐겁고, 밝고, 감미롭다. 절대적 주권은 내가 하나님의 속성에 대해 말할 때 즐겨 쓰는 표현이다… 하나님의 주권은 언제나 하나님의 영광의 위대한 요소로 나에게 다가온다. 주권자이신 하나님께로 나아가고, 그분을 주권자이신 하나님으로 경배하는 것은 나에게 종종 큰 기쁨이 된다.[2]

조지 휫필드

조나단 에드워즈는 조지 휫필드(1714-1770)의 교회에서 그의 설교를 듣고 메시지가 너무 좋아서 펑펑 울며 눈물을 흘렸다고 합니다. 위대한 복음 전도자인 휫필드는 "나 자신이 칼빈주의 신조를 받아들이는 것은 칼빈 때문이 아니라 예수 그리스도께서 나에게 그 진리를 가르치셨기 때문이다"라고 말했습니

---

[2] "Personal Narrative," quoted in Jonathan Edwards, Selections [New York: Hill & Wang, 1935], p. 59.

다.³

횟필드는 존 웨슬리에게 칼빈주의 교리에 반대하지 말 것을 간곡히 부탁하기도 했습니다.

> 저는 당신과 굳이 대척점에 서고 싶은 의도는 없습니다. 하지만 (당신의 동생 찰스 웨슬리가 말한 것처럼) 만일 당신이 정말로 존 칼빈을 브리스톨에서 내쫓으려 한다면, 제가 그것을 어떻게 가만 두고 볼 수 있겠습니까? 그런 점에서 참으로 애석합니다. 저는 칼빈의 글을 읽어본 적이 없습니다. 오히려 제가 지지하는 그 [칼빈주의] 교리는 그리스도와 그분의 사도들에게서 온 것입니다. 그 교리는 하나님께서 제게 가르치신 진리입니다.⁴

이러한 신념이 횟필드를 복음 전도의 거룩한 열정으로 불타게 만들었습니다.

> 우리가 그리스도 안에서 택하심을 입고 칭의를 얻었다는 이 교리가 날마다 나의 마음을 짓누른다. 이 교리가 나의 영혼을 거룩한 불길로 가득하게 만들고 나의 구원이신 하나님께 큰 확신을 두게

---

3 Arnold Dallimore, *George Whitefield*, Vol. 1 (Edinburgh: Banner of Truth Trust, 1970), p. 406. 복있는사람 역간.

4 앞의 책., p. 574.

만든다.

그러므로 나는 우리가 서로에게서 그 불길을 옮겨 붙게 하길 소망한다. 우리 가운데서 누가 인간을 가장 낮추고 누가 주 예수를 가장 높이는지를 서로 다투는 그 거룩한 경쟁이 불붙길 소망한다. 다름 아닌 오직 종교개혁의 교리가 이를 가능하게 만들 수 있다. 그 외에 다른 모든 것은 인간에게 자유 의지를 남기고 그 인간을, 적어도 부분적으로는, 자기 자신의 구주가 되게 한다. 오 나의 영혼아, 너는 그러한 잘못을 가르치는 자들의 비밀스런 회에 가까이 가지 말라… 나는 오직 그리스도가 모든 것의 전부란 사실을 안다. 사람은 아무것도 아니다. 하나님께서 사람 안에서 역사하심으로 그에게 의지를 주시고 그분의 선한 뜻을 행하게 하지 않으시는 이상, 사람에게는 지옥으로 가려는 자유 의지만 있을 뿐, 천국으로 가려는 자유 의지는 하나도 없다.

오 택하심의 교리와 성도의 견인 교리의 그 탁월함이여! 내가 확신하는 바, 이 중요한 진리를 믿고 그것을 실제로 경험하고 맛보기 전까지, 사람은 자기 자신에게서 결코 벗어날 수 없다. 그러나 그가 이 진리를 깨닫고 그것이 마음에서 어떻게 작용하는지 경험하게 될 때, 비로소 그는 믿음의 확신을 얻고 행하게 된다![5]

---

5 앞의 책., p. 407.

조지 뮬러

조지 뮬러(1805-1898)는 그가 설립한 고아원 사역 중에 늘 믿음의 기도를 통해 하나님의 기적적인 공급하심을 경험한 인물로 잘 알려져 있습니다. 하지만 그 위대한 사역을 뒷받침했던 뮬러의 신학에 대해서는 모르는 사람이 많습니다. 뮬러는 20대 중반에(1829) 자신이 경험한 일을 다음과 같이 회고하고 있습니다.

> 오직 성경만을 나의 판단 기준으로 삼게 된 지금과 비교하면, 이전의 나는 택하심의 교리, 특정 구속(제한 속죄)의 교리, 그리고 마지막까지 인내하게 하시는 그 은혜(성도의 견인)의 교리에 대해 상당히 부정적이었다. 그러다 이 소중한 가르침을 하나님의 말씀에 비추어 연구하게 되었다. 그러면서 나는 나의 복음 증거로 죄인들이 회심에 이를 때, 내가 그 영광을 조금이라도 취하는 것이 잘못이라는 사실을 깨달았고, 나 스스로를 하나님의 도구로만 여기는 태도가 마땅하다고 여기게 되었다. 성경이 말씀하는 바를 기꺼이 받아들이기 위해 나는 말씀으로 향했고, 특히 이 진리의 가르침과 관련된 구절을 염두에 두고, 신약을 처음부터 다시 읽기 시작했다.
>
> 너무나 놀랍게도, 선택의 교리와 성도의 견인 교리에 대해 결정적

으로 확증하는 본문이 그 진리에 반하는 것으로 보이는 본문보다 약 네 배는 더 많음을 알게 되었다. 심지어 얼마 후에는, 그 진리에 반하는 것으로 읽히던 몇 안 되는 본문조차 실제론 그 교리를 확증하는 증거들로 나에게 다가왔다.

그 교리에 대한 확신이 나 자신에게 미친 영향에 대해 말할 것 같으면, 하나님의 영광을 위해 그것을 말하지 않을 수 없게 되었다. 비록 나는 지금도 여전히 극히 연약하고, 육신의 정욕, 눈에 보이는 것들에 대한 욕망, 인생의 교만을 아직도, 마땅히 그래야 하는 만큼, 다 죽이지 못했지만, 하나님의 은혜로, 그 때 이후로 지금까지 나는 하나님과 더 가까이 함께 동행하고 있다. 그 덕분에 나의 삶은 그렇게 변화무쌍하게 흔들리지 않았다. 나는 예전보다 훨씬 더 하나님을 위해 살아왔다고 감히 말할 수 있다.[6]

찰스 스펄전

찰스 스펄전(1834-1892)은 조지 뮬러와 동시대 인물입니다. 스펄전은 런던의 메트로폴리탄 태버나클 교회 목사이자 당대에 최고로 유명한 목회자였습니다. 스펄전의 설교는 매우 강력해

---

6 *Autobiography* (London: J. Nisbet & Co., 1906), pp. 33-34.

서 많은 영혼들을 예수 그리스도께로 이끌었습니다. 스펄전이 전한 복음은 대체 무엇이었기에 매주 수천 명의 인파가 몰리고 수많은 사람들이 구주 예수께로 나올 수 있었을까요?

> 오늘날 칼빈주의라고 불리는 그것을 우리가 설교하지 않는 한, 그리스도와 그의 십자가 죽음을 제대로 전하는 설교는 사실상 없다는 것이 나의 개인적 견해다. 우리가 그것을 칼빈주의라 부르지만 그것은 하나의 별칭일 뿐이다. 칼빈주의는 곧 복음이며, 그 외 다른 무엇도 아니다. 우리가 하나님의 주권적 은혜를 설교하지 않는 한… 나는 우리가 복음을 설교하는 세 아니리고 생각한다. 또한 우리를 택하시는, 변치 않으시는, 영원하신, 변개하지 않으시는, 여호와 하나님의 그 사랑의 승리를 우리가 찬양하고 높이지 않는다면, 그리고 하나님이 택하신 백성의 특별하고 특정적인 구속(제한 속죄)에, 그리스도께서 십자가에서 이루신 그 구속에 우리의 설교를 기초하지 않는다면, 나는 우리가 복음을 설교할 수 있을 것이라 생각하지 않는다. 만일 한번 부르심을 받은 성도들이 이후에 다시 구원에서 떨어져 나가게 내버려두는 그런 복음이라면 나는 그것을 결코 받아들일 수 없다.[7]

---

7 *Autobiography* (London: J. Nisbet & Co., 1906), pp. 33-34.

스펄전이 처음부터 이러한 교리를 믿은 것은 아닙니다. 스펄전은 자신이 그 진리의 가르침을 처음 접한 16세 때의 일을 이렇게 회고했습니다.

우리 모두가 천성적으로 그렇듯이, 나 역시 아르미니우스주의자로 태어나, 여전히 강단에서 계속 들려왔던 옛 것들을 믿었고 하나님의 은혜는 깨닫지 못했다. 내가 그리스도께로 나오던 때, 나는 나 자신의 의지로 그 모든 것을 행하고 있다고 생각했다. 나는 주님을 진지하게 찾았지만, 주께서 나를 찾고 계셨다는 사실을 전혀 알지 못했다… 나의 영혼이 처음 이 진리를 알게 된 그 날의 기억은 지금도 생생하다. 존 번연의 말처럼, 그것은 마치 뜨거운 인두처럼 불타듯 내 심장에 들어왔다.

어느 주일 밤, 나는 하나님의 전에 앉아 있었고, 설교자가 전한 메시지는 그다지 미덥지가 않았던 터라, 그것에 대해서는 별로 생각하고 있지 않았다. 그러다 한 생각이 나를 덮쳤다. "너는 어떻게 그리스도인이 되었는가?" 내가 주님을 찾았다. "그러면 너는 어떻게 주님을 찾게 되었는가?" 그 순간 진리의 빛이 내 마음에 번쩍였다. 이전의 어떤 영향력이 주님을 찾아야 한다는 갈급함을 내 마음에 심어 놓지 않았다면 내가 그분을 찾으려 들지 않았을 것이 분명했다. 나는 생각했다. '그때 내가 기도를 했지.' 하지만 나는 스스로 질문했다. '나는 어떻게 기도하게 되었는가?' '나는 성경을 읽나가 기도를 하게 되었지.' '나는 어쩌다 성경을 읽게 되었는가?' '내가 성경을 읽은 것은 맞아. 하지만 무엇 때문에 내가 그렇게 했던 것일까?' 그 순간, 나는 그 모든 것의 배후에 하나님이 계시다는 사실을 깨달았다. 하나님께서 내 믿음의 창조주이셨던 것이다. 그렇게 은혜의 교리 전체가 나를 향해 활짝 열렸고, 지금까지도 나는 그 교리에서 떠난 적이 없다. '나 자신의 모든 변화는 전적으로 하나님께서 행하신 일이다.' 나는 앞으로도 계속 이렇게 고백하길 소원한다.[8]

스펄전은 목회자를 양성하는 학교도 세웠습니다. 그는 은혜의 교리를 붙잡는 것이 진정으로 교회에서 가르치는 자의 핵심 덕목이라고 강조했습니다.

아르미니우스주의는 교리를 혼란스럽게 만들고 성경에 대한 명확하고 분명한 깨달음에 방해가 될 뿐이다. 그들은 하나님의 영원한 계획을 잘못 가르치거나 또는 무시하고, 구속 계획의 전체 의미를 뒤죽박죽으로 만든다. 가장 근본이 되는 선택 교리의 진리를 떠나서는 사실상 혼란이 불가피하다.
이 가르침이 없으면 사고의 통일성이 결여되며, 일반적으로 말해

---

[8] 앞의 책., pp. 164-165.

서, 그들은 신학 체계에 대한 개념을 상실한다. 이 선택 교리에서 출발하지 않으면, 신학자로 훈련시키는 것은 거의 불가능하다.

원한다면, 젊은 신자를 몇 년간 학교에 보낼 수도 있겠지만, 그에게 영원한 언약의 설계도를 먼저 보여주지 않는 한, 그는 학생으로서 제대로 성장하기 어려울 것이다. 그의 학업은 서로 연결되지 않으며, 하나의 진리가 또 다른 진리와 어떻게 연계되는지, 그리고 모든 진리가 함께 조화를 이루는 방식을 도무지 배울 수 없기 때문이다.

영국의 어디든 시골로 가서, 그곳에서 울타리를 고치고 도랑을 파는 평범한 농부들을 보라. 그들은 오늘날 대학과 신학교에서 공부한 소위 학식 있는 사람들보다 대개는 하나님을 아는 지식에서 더 탁월하다. 그 이유는 매우 단순하고 명확하다. 그들은 어릴 때부터 선택의 교리가 중심이 되는 가르침을 먼저 배웠기 때문이고, 자신들의 삶에서 그 배운 것과 정확히 맞아떨어지는 경험을 했기 때문이다.[9]

---

9 Charles Spurgeon, "Effects Of Sound Doctrine," sermon delivered on Sunday evening, April 22, 1860, at New Park Street Chapel.

10장
당신을 향한 마지막 호소

이제 마무리할 시점이 되었습니다. 예수 그리스도의 위대하심을 호소하는 것으로 은혜의 교리에 관한 이 작은 책을 마무리하고자 합니다. 무엇보다, 진리의 영원한 창시자이신 그리스도께서 우리에게 이 교훈을 허락하셨습니다. 우리 시대의 탁월한 변증가인 제임스 패커 박사가 전하는 이 진리에 대한 아름다운 호소를 마음에 담으시길 바랍니다.

'내가 구원을 받으려면 무엇을 해야 합니까?'라는 질문에, 칼빈주의는 이렇게 대답합니다. '주 예수 그리스도를 믿으십시오.' '주 예수 그리스도를 믿으라는 말은 구체적으로 무엇을 하란 말입니까?'라는 또다른 질문에 칼빈주의는 이렇게 대답합니다. '자신이 스스로 죄인임을 깨닫고, 그리스도께서 죄인을 위해 죽으셨음을 믿으십시오. 모든 자기 의로움과 자기 신념을 버리고, 죄 용서와 평안을 위해 자신을 완전히 그리스도께 내던지십시오. 그리고 하나님을 대적하는 태생적인 반역과 불순종의 마음을 그리스도의 뜻에 기꺼이 복종하고자 하는 마음으로 바꾸십시오. 우리의 마음을 새롭게 하시는 하나님의 성령으로 말미암아 그렇게 하십시오.'

그리고 또 다른 질문이 나옵니다. '그러한 일을 행할 능력이 나에게는 태생적으로 없는데, 내가 어떻게 그리스도를 믿고 회개를 할 수 있겠습니까?' 그 대답은 이렇습니다. '그리스도를 바라보십시오. 그리스도께 모든 것을 아뢰십시오. 그리스도를 향해 부르짖으십시오. 당신의 있는 모습 그대로 나아가서, 당신의 죄를 고백하십시오. 당신의 회개하지 않음과 당신의 불신앙을 고백하십시오. 그리고 당신 자신을 그분의 자비하심에 내던지십시오. 당신에게 새로운 마음을 주시도록 그분에게 간구하십시오. 참된 회개와 굳은 믿음으로 당신 안에서 일하시길 간구하십시오. 당신 안에 불신앙의 악한 마음을 제거하고 그분의 말씀을 새겨 주시도록 간구하십시오. 그래서 이후로는 절대로 그분을 떠나지 않게 해주시길 간구하십시오. 다시금 하나님께로 향하여 최대한 그분을 신뢰하십시오. 그리고 날마다 하나님께로 향하고 더 철저히 신뢰할 수 있길 기도하십시오. 그러한 기대를 품고 은혜의 방편들을 사용하십시오. 당신이 그분께 가까이 나아가고자 하는 가운데, 그리스도께서 당신을 가까이 찾아오시도록 그분을 바라보십시오. 깨어 기도하고, 하나님의 말씀을 듣고 읽으십시오. 하나님의 백성들과 함께 예배하고 교제하십시오. 자신이 정말로 변화된 존재이고, 회개한 신자이며, 당신이 그토록 간구하던 그 새로운 마음이 당신 안에 들어와 있음을 완전히 확신할 때까지, 더 이상 추호의 의심도 들지 않을 때까지, 계속해서 그렇게 하십시오.[10]

마지막으로 우리를 위한 찰스 스펄전의 간절한 기도로 마치겠습니다.

여러분께 간곡히 부탁드립니다. 지금 이 순간 저와 함께 기도에 동참해 주십시오. 여러분이 따라 할 수 있도록 제가 여러분을 위해 말하는 동안 저를 따라 같이 기도해 주십시오. "주님, 저는 죄인입니다. 저는 하나님의 진노를 받아 마땅한 사람입니다. 그런데 저는 제 자신을 구원할 수 없습니다. 오 주님, 저는 새로운 마음과 바른 영을 갖길 원합니다. 제가 어떻게 할 수 있겠습니까? 오 주님, 저는 아무것도 할 수 없습니다. 주님 저에게 오셔서 제 안에서 일하여 주옵소서. 그리하여 주님의 선하고 기쁘신 그 뜻을 따라

---

10 J. I. Packer, *The Quest for Godliness* (Wheaton: Crossway, 1994), p. 144.

행하게 하옵소서.

오직 주님께 그 능력 있음을,
나 같은 죄인 구할 능력 있음을 믿으오.
오 주여, 내가 주께로부터 달아난다면
어디로, 누구에게로 갈 수 있으리오?

하지만 이제 나의 영혼 깊은 곳에서 내가 주의 이름을 부르짖습니다. 두려움에 떨면서, 그러나 믿음으로, 나 자신을 전부 주님께 내어 드립니다. 귀하신 독생자 아들께서 날 위해 흘리신 피와 그 이루신 의를 신뢰합니다… 주여, 오늘 밤 나를 구원하소서. 예수님의 이름으로 기도합니다. 아멘."[11]

---

[11] Iain Murray, *The Forgotten Spurgeon* (Edinburgh: Banner of Truth Trust, 1973), pp. 101-102에서 인용함.

옮긴이 **김태형**

호주에서 학부를 마치고 총신대학교 신학대학원과 성균관대학교 번역대학원을 졸업했다. 번역한 책으로는 『겸손한 칼빈주의』 『건너뛰지 않고 성경 읽기』 『때를 따라 아름답게』 『하나님의 신비를 예배하다』(좋은씨앗), 『신학 교육의 역사』 『개혁주의 스터디 바이블』(공역), ESV성경공부시리즈 『시편』 『잠언』 『전도서』(이상 부흥과개혁사) 등이 있다.

Five Points
by John Piper

Copyright © The Desiring God Foundation 2013
Originally published in English under the title: *Five Points*
published by the permission of Christian Focus Publications
Geanies House, Fearn, Tain IV20 1TW, Scotland, UK
All rights reserved.

This Korean edition is translated and used by permission of Christian Focus Publicatios through Wen-Sheuan Sung.

This Korean translation copyright © 2022 by GoodSeed Publishing, Seoul, Korea

존 파이퍼와 떠나는 칼빈주의 여행

초판 1쇄 인쇄 2022년 7월 15일
초판 1쇄 발행 2022년 7월 25일

지은이 존 파이퍼
옮긴이 김태형
펴낸이 신은철
펴낸곳 좋은씨앗
출판등록 제4-385호(1999. 12. 21)
주소 서울시 서초구 바우뫼로 156, 402호
전화 (02)2057-3041 팩스 / (02)2057-3042
전자메일 good-seed21@daum.net
페이스북 facebook.com/goodseedbook

ISBN 978-89-5874-369-9 03230

이 한국어판의 저작권은 Wen-Sheuan Sung을 통하여 Christian Focus Publications와 독점계약한 좋은씨앗에 있습니다. 신저작권법에 의해 한국 내에서 보호받는 저작물이므로 무단 전재와 무단 복제를 금합니다.